爱的艺术

家庭教育十人谈

The Art of Love

Ten Forums on Parenting Education

杨雄　主编

上海人民出版社

编委会名单

爱的艺术：如何科学地“施肥”

（代序）

父母都是爱孩子的，但简单的一个“爱”字，施行起来并不简单，应该如何科学地爱，艺术地“施肥”，让孩子更好地成长？ 在我看来，当前家庭教育的两大任务，简单地说，一是教会孩子学会做人；二是让孩子学会做事。

孩子在幼年期，身心健康是基础，同时要学会做人（幼儿期主要是明辨事理）、学会做事（学会学习是幼儿学会做事的开始），这三个方面共同作用，支撑了孩子的成长。 幼儿期的第一件事就是让孩子懂事，或明事理；第二件事就是帮助孩子学会学习、学会思维，把这两件事做好孩子就能快乐成长。

每个家庭不一样，每个孩子不一样，教育的情境不一样。也许不能就事论事地讲具体方法，但有一些原理和法则，可供家长反思和实践参考。

首先，许多家庭对孩子实行的是“制式教育”。 所谓“制式教育”，是指以标准化的流程和模式对待孩子，以统一的从众的标准来评价孩子。 上海市区小学生家长教育行为的一项研究曾从家长的认知、行为和情感三个方面设计了“允许—限制”“爱—不爱”“接受—拒绝”三个维度，聚类分析后总结出八种家庭教养方式：保护型、溺爱型、权威型、理智型、期望型、严厉型、严格型、忽视型。在家庭教育中，采取保护型、溺爱型、期望型、严厉型、忽视型家庭教养方式的父母往往扮演着不恰当的角色。这几类家长的教育行为一般为：

保护型：过度保护的父母是过分担心的父母。他们担心子女的身体、学习、安全，担心他们不会照顾自己。父母始终把子女当成蹒跚学步的孩子，一步不敢离开。他们竭尽全力为子女构筑了一个安全的、没有危险的环境，似乎这样，他们的心才能放下。

溺爱型：父母过分宠爱孩子，对孩子的日常行为和事情进行干预甚至包办，致使孩子的自理能力很差，吃饭张口、用物伸手，依赖心理强而社会适应能力低。受父母过分娇纵的孩子往往具有不负责任、反权威等表现，容易产生行为问题。

期望型：过高的期望往往会给孩子带来不应有的压力，父母对孩子提出了不切实际的、无法实现的要求时，往往会适得其反。有的父母操之过急，在失望之余产生过激的行为。许多父母期望孩子能学有所成，但是对孩子成才的综合素质如思想道德、身体素质、心理素质、适应能力、日常行为习惯等不重视，甚至放任不管，这对孩子日后的品德和社会适应带来负面影响。

严厉型：严厉型的父母把孩子看成是属于自己的物品，可以任意摆布，常常过分干预孩子的生活，对孩子交友、各种爱好、外出参观等往往横加干预，不给自由，遏制了孩子的全面发展和身心健康，对孩子正常心理和行为的形成及其成才非常不利。容易使孩子产生逆反心理，甚至对父母失去信任。

除了这些不恰当的角色，家长中还流行这样一种观点，孩子的智力和兴趣一定要早开发，否则孩子大脑的发育到了一定年纪完成后，再开发就晚了，其依据的理由是：一般人只用了大脑智力潜能的10%，尚有90%没有得到开发。成年以后，这些“脑资源”就被废弃了，致使“流水不回”，因此一定要让孩子“赢在起跑线上”。其实，孩子的发育是遵循一定的规律，是有顺序的，包括智力的发展必定是在前阶段发展的基础上，不可超越儿童的身体发育、脑发育和心理发育顺序，教育要符合儿童的发育规律。早期开发是指在孩子每一个发育阶段，成人要关注他的发展和需要，提供他学习与发展的环境。过早地教会孩子知识内容和训练技能，违背孩子的认知特点和学习规律，甚至不符合实际。过早“定向”而“过度”教育，不仅事倍功半，而且会磨灭孩子的天性和潜能。

从爱的角度来说，如果一个孩子长期得不到爱抚和关心，很可能会发育不良，智力衰退，慢慢变迟钝。这些爱抚，只有在最亲近的父母那里才能得到满足。因此，父母应该尽量多地将时间分配给孩子，在嬉戏抚摸间，为孩子提供源源不断的快乐源泉，带给孩子最宝贵的成长营养。

几年前上海社会科学院曾做过一个关于孩子心目中理想父母的调查，调查结果表明孩子需要的是父母的关心、尊重、理解、信任、鼓励，需要一个和睦的家庭，希望父母能成为自己的良师益友，他们最不希望父母对自己期望过高，对于否定自己、只看重工作的行为感到不满和失望。

孩子心仪的父母类型以及具有的行为特征：

爱心父母：有多种传达爱的方式，如抚摸、拍肩、握手、拢拢孩子的头发、眼睛对视等；即使工作很忙，每天也会安排一定的时间（至少20分钟）抚慰孩子，聆听孩子的倾诉并和孩子交谈；从不滥用“爱”，对孩子的爱做到适度而不溺爱，会在孩子的成长阶段有限度地提出自立的建议，使孩子感受到生活的挑战和努力后的成就感；十分呵护孩子的自尊心，从不在生人面前揭短，也从不以别的孩子的标准来比照，会原谅孩子不怎么好的表现，并且总是心平气和地提醒。

聪明父母：有一双巧手，会巧用随手可得的物品为孩子做手工，如灯笼、头饰、纸玩偶等；当孩子为难的时候，总是微笑着说：“不着急，总会有办法的。”或用一两句点拨的话语使孩子顿悟；面对孩子的好奇好问都能耐心解答，成为孩子的“百科全书”，使孩子佩服父母。

潇洒父母：从不对孩子偶尔的闯祸喋喋不休地数落、责怪，而是先稳定孩子的情绪，而后与孩子一起讨论做错事的原因；在孩子遇到麻烦和困难时会很坚定地表示对孩子的支持和鼓励，让孩子明白要直面困难，即使失败了也是一次大胆的尝试，并且还有下一次机会；自己做错了事，从不掩盖或否认，会主动争取孩子的原谅，凡是要求孩子做到的，自己也会做到并做好，乐意让孩子评价父母的行为。

温馨父母：布置家居摆设井井有条，每样物品的摆放都合理恰当；当孩子睡觉时，会双手轻掖被角，当孩子生病时，会给孩子轻轻按摩；从不乱发脾气或重重地摔东西，即使在忙碌时也不会让声响妨碍他人；让家庭始终充满爱和尊重，不仅时时表示对孩子的关怀，还包括对所有家人的信任、尊重和体贴。

做一个孩子心仪的父母需要反思：一是教育的心态，我总是想要孩子做到更好，但是更好是什么样的？ 我总用别人的标准来要求孩子，如果孩子做不到，心里就会恼火或者失落，有时还会责怪孩子。 二是教育的本领，什么是孩子的成长？ 孩子怎样才能体验到成长？

父母的教育心态应该是对孩子有健康心态的希望，这样孩子才能快乐成长。 因此，父母要注意以下几点：

1. 勿对孩子控制过严。 作为父母，当然不能对孩子听之任之，但是控制过严又可能压制孩子，对孩子的心理健康产生消极作用。 让孩子在不同的年龄阶段拥有不同的选择权，孩子才能有真正意义上的快乐和成长。

2. 鼓励孩子多交朋友。 鼓励孩子多交朋友，特别是同龄朋友。 交朋友时还需注意性格间的互补，如性格内向、抑郁的孩子要多交一些开朗乐观的朋友。

3. 父母应该为孩子树立一个与他人相处融洽，热情、真诚待人的好榜样。

4. 引导孩子学会摆脱困境。 生活中总会遇到困难或者挫折，即便是天性乐观的人也不可能“永远快乐”。 在孩子小时要注意培养他们应付困境、逆境的能力，要是孩子一时还无法摆脱困境，还可以教会孩子忍耐、调适。

现在很多父母和长辈对孩子的关怀可谓是无微不至，“关爱教育”往往成了“溺爱教育”。父母的意愿虽然很美好，但事与愿违。父母没有想到过分溺爱很容易导致孩子出现一系列的心理问题，不利于孩子成长和发展。溺爱的危害表现在：其一，孩子容易形成以自我为中心的个性。这样的孩子往往是从自己的角度和利益出发看待问题，认为自己总是对的，别人总是错的，这样的孩子在处理人际关系时与人合作的表现差。其二，挫折承受力差。这样的孩子从小在温室里长大，很少或从来没有经历过挫折，一旦遇到挫折，他们就会觉得天塌下来一般，不知所措。其三，目光短浅，缺乏主动。在溺爱中长大的孩子，由于很难体验到生活的艰辛，难以承受失败和挫折，心理承受能力差。溺爱导致的过度保护带来的是孩子的生活能力、处理问题能力缺乏。

每个家庭所处的环境和条件各不相同，每个孩子本身的先天条件也不同，每个父母教育孩子的能力更不同。这些都是影响儿童成长的因素，也必然带来每个孩子成长过程的不同。因此，爱的艺术一定要适合自己的孩子，要适合孩子的思维方式与可接受性，才能使孩子的潜能和动力得以可持续发展。

杨　雄

2020 年 6 月 1 日写于淮海中路上海社科院大院

目　录

家庭教育回归生活

杨　雄等

于海：复旦大学社会发展与公共政策学院教授

杨雄：上海社科院青少年研究所所长、中国家庭教育专业委员会副理事长

吴金瑜：上海外国语大学闵行外国语中学校长

严一平：上海师范大学附属中学校长

邓丽娟：中央电视台主持人

邓丽娟：各位家庭教育工作者，各位家长们，以及现场的专家，大家上午好！ 很高兴在这里见到大家，同时欢迎你们来到第六届上海市家教高峰讲坛的现场，我是邓丽娟。 首先邀请上海市妇女联合会副主席刘琪致辞。

刘琪：上海市家教高峰讲坛已经进入到第六届了，为什么我们要坚持做这样一个高峰讲坛？ 我觉得最重要的动因是来自我们各位家长对我们这个讲坛的支持和大家的期待。 都说家庭是孩子的第一个学校，家长是孩子的第一任老师，但是作为孩子第一任老师，我们都没有上岗证，伴随着孩子的成长，家长也需要有一个不断学习的过程，我从第一届上海市家教高峰讲坛就作为忠实的听众，跟大家一样聆听各位专家指点，如今我的孩子从小学生已经成长为高中生，面对我的“熊孩子”，我有产生困惑、焦虑的时候，经常拿出来《家庭教育十人谈》系列翻一翻，试图从其中寻求答案。

当然单纯从书本中还不能及时解答我很多困惑，还有个不断学习的过程，这也是我们要坚持不断举办家庭教育高峰讲坛的初心。今年第六届又开讲了，也感谢各位专家、优秀的校长们来到这里，为我们提供他们的精彩观点。我觉得更加要感谢的是各位家长们，大家都有这样一个学习的态度，都有想提高家庭教育知识的理念，我们都希望把自己的孩子培养成一个正直、善良、人格健全的孩子，所以我们需要不断学习。

邓丽娟：谢谢，接下来时间交给今天的嘉宾以及专家，我们将要围绕三个主题来进行探讨，每个大主题分设三个分论点，可以作为内容的补充和参考，当然我们对主题内容的探讨也不会仅仅限于这样的大主题，我们会把它分散，共同来发表观点。

今天的家长和孩子都很焦虑，家长和孩子之间最重要的关系是什么？大家的安全感在哪里？大家的红线在哪里？是我们每天都关心的话题。从什么时候开始，孩子成绩的提高成为你唯一快乐的源泉？孩子成绩的不稳定，是不是也让你坐立不安，夜不能寐呢？围绕这些迷思，我们今天就将回归家庭教育的本原，展开来谈一谈到底什么是家庭教育，阐述家庭教育环节中生活教育、智力教育、心理教育，以及如何平衡好三者之间的关系。 今天将请出几位嘉宾：上海社科院青少年研究所所长、中国家庭教育专业委员会副理事长杨雄，复旦大学社会发展与公共政策学院教授、博士生导师于海，上海外国语大学闵行外国语中学校长、特级校长吴金瑜，上海师范大学附属中学校长严一平。

生活即教育

欢迎四位，两位校长和两位专家，我相信四位也都是家长。 今天讨论的第一个主题是生活教育，我们主办方准备了一系列问题，首先提出一个问题，各位老师认为家长在子女生涯教育当中起到的作用是什么?

于海：各位好，我是做爸爸的，也是做老师的，这两个身份对我来说很重要。 我认为我们教育最大的问题是只要求孩子，不要求自己。 儿童教育、家庭教育不是单向度的，家庭教育或者人格教育是家长和孩子共同成长，你在成长，你的孩子也在成长，所以你老想要求你的孩子，不要求自己，这样的教育必定失败。

杨雄：各位家长好！ 我也是个父亲，谈到家庭教育，其实在美国没有“家庭教育”这个概念，如果大家熟悉的话，英文应该是叫 family life education，这是全称，为什么美国在家庭教育中间要切入“生活”这两个字？ 我觉得可能是因为生活教育大于智力教育，回归生活就是要培养孩子什么样的一种理念，仅仅是考试吗？ 不是，而是要培养全面发展的人。

吴金瑜：我跟两位教授一样，也是做父亲的，当然也是老师，还多了一个身份——我是做校长的。 我如何看待今天这个主题呢？ 经常有人跟我说，你看我是复旦毕业的，我是交大毕业的，我孩子肯定也是怎么样怎么样。 但是假设一个家庭还是蛮富裕，有书房，有藏书。 第二个家长，家庭相对比较穷，他们有个好习惯，晚饭以后会读会儿书，和孩子聊会儿天。 我想问一下，这两个孩子哪个会成为爱读书的人？ 肯定是后者。所以家长真的是第一任老师，家长和家庭教育与学校教育起着不同的作用，尽管交叉着，这个不能完全严格地分开。 学校教育可能更多是智力教育，也就是认知方面、创新能力方面以及道德品质、孩子社会化过程等。 而作为家庭教育，最重要的地方是榜样，做孩子的榜样。 刚才讲到第一个命题，什么样的家庭该带出什么样的孩子。 第二个作用，我认为要培养孩子的习惯；第三个作用，培养孩子的品德、品行。 这是最重要的，如果有了这三点，他在学校一定会很快融入这个社会里，会养成非常好的学习方式。 所以家庭教育和学校教育这两者之间是不可或缺的，如果缺了某一点，孩子未来的成长也是有非常大的弊端的。

严一平：前面几位都讲了家长跟孩子什么关系，刚才吴校长讲得很好，是第一任老师，这个老师跟学校老师不一样，是他生活的老师，也是将来教会他做人的老师。 人是高等动物，孩子非常聪明，所以第一就是他会模仿，所以榜样非常重要，你对孩子的影响非常重要。 有的时候不交流，但是你做什么他看在眼里，不要看他小，他什么都懂。

我接触很多非常成功的人士，小孩子就是不行，然后说严校长你帮帮忙，我要到你这里读书，我说为什么到这里好，他说这个环境好。 我说能不能跟上，他说不管，环境好就行，环境不好会带坏人。 所以我想讲的第二句话就是，把孩子当人看。

有的家长讲，我怎么不把孩子当人看。 人的需求是全面的，很多老师和家长实际上没有把孩子当人看，而是把他作为一个储存知识和考试的机器。 我问了很多家长，他们往往是学习的要求高得无边，不看基础，你一定要上名牌大学。 生活上非常迁就，要什么给什么，可能很多家长、很多老师都是这样一种方式，我做德育主任时，有一个同学找我聊，哭得一塌糊涂，这个同学成绩非常好，他讲他不想考试，看到考试都要崩溃了。 我不理解他。 他一直考得非常好，但是他内心一直担心万一考坏了怎么办。 开始他还能控制内心恐惧，到后来越来越不能控制，心理出了问题，这个常人是很难理解的。 所以我想这是值得我们家长关注的一个点，你要把孩子当人看，要关注他的心理变化。 有些孩子到了高中以后，休学的很多。

人是有思想的活的生命体，他不是一个简单的机器，没有一个标准。 我们现在教育太讲标准了，统一的，一定要达到。人有天赋，有的人发散性思维很好，有的人逻辑思维很好，要尊重他，不要强制他。

于海：我接着稍微缓和一点讲，我自己也是家长，跟大家是心心相印的。杨雄说生活教育，大家知道中国人，中国学术对人类最大的贡献不是科学，但是我们不要气馁，因为我们的学问不是关于“物”的学问，我们的学问是关于“人”的学问，所以从孔子开始一直讲的是“生命的学问”。“生命”这个词跟今天所说的“生活教育”英文是一个概念：life education。这是非常非常厉害的生命的教育。人有“思想”，还有更重要的情感、信念。所以如果说我们的孩子读书读得很累，但是不快乐，不爱读书，他走不远。孩子不快乐，你快乐吗？你也不快乐。

我们今天谈生活教育，我更愿意把它跟中国的生命教育、生命的学问结合起来。所以讲到生命教育的时候，孔子、孟子都说三个词，包括王阳明，叫成物、成人、成己。大家好好听听这些话，一定要通过成物、成人，才能把自己做成自己，不是一个人单兵突进。

最近很火的三本书《人类简史》《今日简史》《明日简史》，作者认为20世纪之前的，从17世纪开始的自由主义、个人主义寿终正寝，为什么？自由主义的基础就是人，但今天的人工智能告诉你，绝大部分人不重要，所以家长们，如果你再把你的精力、心血、钱花在智力上面，基本上是竹篮打水一场空。所以要怎么样？要活得快乐、活得自在。

所以第一个教育是自然的教育，自然是我们的导师，我们有自然教育吗？ 我们亲近自然吗？ 我们了解自己吗？ 我们对自然是什么态度？ 榨取的态度。 卢梭说，自然天生的东西一切都是好的，一到了人这里全部败坏了。 第二个是他人的教育，就是老师，现在我们只讲他人的教育。 第三个是事物的教育。 导师、自然、人和物，跟我们中国古代圣人所说的成人、成物、成己，是不是有对应之处？

邓丽娟：我们看看卢梭其中关于教养孩子的一段话是怎么说的。 请一位家长念一下。

家长：要是母亲们能眷顾她们的孩子，亲自授乳哺育，则风气马上可以自行转移，自然的情感将在每一个人的心里振奋起来，国家的人口又将为之兴旺；这是受邀的一点，单单这一点就可使一切都融洽起来。家庭生活的乐趣是抵抗坏风气的毒害的最好良剂。孩子们的吵吵闹闹，人们原来是感到很讨厌的，现在也觉得很有趣了；父亲和母亲更加感到他们的彼此是很需要的，他们相互间也比以往更加亲爱了，他们的夫妇关系也更为紧密。当家庭生气勃勃的、热热闹闹的时候，操持家务就成了妇女最可贵的工作，就成了最甜蜜的乐事，一旦妇女又承担起做母亲的责任，则男子立即就负起做父亲和做丈夫的责任。

邓丽娟：先请这位刚刚读完的家长说两句，您看完觉得有道理吗？

家长：我觉得是非常自然的家庭状态，但我们现在处在都市家庭，非常难做到。 因为一方面父母忙于工作，另一方面又不断受着各种育儿知识或者说各种焦躁以及竞争的冲击，所以他很难让自己情绪平稳下来，回归到这么自然的状态。

于海：我想评论一下，首先谢谢您念的这段话，这里讲了非常简单的道理，妈妈像妈妈，爸爸像爸爸，一块过日子，怎么做不到呢？ 我们把我们的工作和家庭分开了，才做不到。你一分开的话，你的孩子就不是一个真正全人格的人，就是考试机器，就是实现光宗耀祖，将来给我争面子的工具，你如果不是这样想的话，孩子活生生的生命，他在成长应该得到自然之爱，多简单的事，为什么做不到!

我对儿子的教育就是他能健康、快乐，是一个正常人，就OK了。 我家里一房子书他不看没关系，看自己喜欢的书就好了。 他没走我的路，他有他的路，所以卢梭就说孩子不是小大人，孩子就是孩子，我们能做到的是好好了解孩子的天性，从旁协助，让他们有幸福的生活，其他的都是家长的私欲。

吴金瑜：有几个观点我要跟大家分享，对于父母和孩子的关系，我们中学教育工作者跟教授观点有点不一样。 一方面，家庭教育一个非常重要的责任是什么？ 提供孩子们宣泄的场所。 他回来说妈妈我被冤枉了，哭了一场，这是多好的情感宣泄，他可以在你这里得到抚慰，这是别人给不了的。 事实上，我们有一个矛盾，是做虎爸虎妈，还是让孩子回归到生活中间，让他自然成长，这是一个矛盾，交叉在我们身上。

还有两种是绝对不行的，放任型和溺爱型。 这两者之间我们怎么做选择呢？ 我跟于教授有不同的观点，刚才说了一个问题，AI 时代到了以后人类的智能可以由机器代替，可以吗？

在工作场合是可以的。但作为基础教育者来说，智力是一定要培养的。人的智力和能力哪里来？我们反问我自己，比如说我的能力哪里来，我一定是在工作中获得的，我的学习能力哪里来，我一定是在学习中获得的。我的责任一定是因为作为家长、作为校长，在这个角色中获得的，是把孩子当成人，当成未来成长的人，一个社会化的人，来看承担的角色。

严一平：家庭里面父亲和母亲的职责问题，我觉得这是一个比较难回答的问题，谈点个人的体会，我因为平时比较忙，不太管我儿子，不过在他初二的时候我和他长谈过一次，进行两个男人之间的交流。为什么在初二呢？因为我自己反思，我自己开始认真读书大概就从初二开始，前面浑浑噩噩都在玩，或者都在种地，那时候"文化大革命"刚刚结束，劳动很多，书不太读。到初二男小孩突然开窍，因为学理科，我做题很起劲，经常受到老师的表扬，本子经常被同学拿去看、抄，男孩子一发不可收拾，一直考到重点高中、重点大学。我想父亲的职责可能在关键时候要关注一下，我讲得通俗一点在初中的初二阶段和高中的高二阶段。当然谈的时候，男同志们经常有的时候会居高临下，因为你是父亲，你说了算，孩子必须听你的，但是我认为这样的效果可能适得其反，所以我认为应该是平等的交流、倾听他的想法，他会觉得很惊讶，父亲居然会听我的想法，如果再尊重他的想法，可能效果会更好。

于海：回到刚才说的成人、成物、成己。什么叫成物？一个雕刻家、一个石匠拿一块石头放在手里面，他一开始既不了解自己，也不了解石头，一刀下去石头裂了，这是客观和主观之间的互动，我得不断地刻。所以拿了一个石头有裂纹没关系，我可以把这个石头变成造型，但一定是在这个过程中你知道你自己的弱点，知道自己的问题，所以你在认识石头的过程中，认识了自己。所以一个好的石匠一定是他不认为凭自己就能怎么样，一定是跟“物”的互动过程中成就自己，尊重“物”，所以要“成物”，“成物”了以后你怎么样？成人。

我的儿子告诉我，他要像比尔·盖茨一样，我说好，你有比尔·盖茨的天才吗，他说比尔·盖茨大学上到一半，不上了，绝大部分的人不能走比尔·盖茨的路。郎朗这个例子也不对，不要被这个例子忽悠了，没有几个人能成为郎朗，郎朗后面有虎爸，但不是说有虎爸就能成为郎朗。自然主义不是放任，自然主义就是了解孩子的天分、可能性在哪里，你能做到这一点你的孩子就非常幸运了，不要想象仅凭运气成为李嘉诚、郎朗、比尔·盖茨这些人。

青春期的自我实现

邓丽娟：通过四位专家的发言，可以看出来，教育就是世界级的难题，我们重新进行下一个问题的探讨。我们今天的青春期孩子是不是还适合“圈养”？我们给他建立的安全港湾，他真的能找到安全感吗，并且能帮他找到自我、实现自我吗？首先有请于海老师。

于海：英国《金融时报》中文版说养儿育女不是一个项目（project），也不是一个作业（homework），而是关系（relationship），而且他反复强调是感情的关系，所以讲到关系，不管是“圈养”，还是什么养，我觉得是回到问题的本质，需要跟孩子在一块。只有在一块，他才有人格的成长，他才能获得父母的发自内心的爱，而且随时随地给予他指导，所以我们对孩子没有爱，这个孩子肯定是有问题的，但是过分溺爱，没有指导，这样的孩子也会有问题。刚才两位校长都讲到溺爱的问题，就我个人经验而言，刚才讲的“圈养”，已经不是最重要的问题。

邓丽娟：什么是最重要的问题？

于海：就是你怎么把握好这个度，既有压力，同时给孩子指导。最后《金融时报》讲的 interaction，就是互动，微小的互动、每时每刻的互动，这是其他能替代的吗？所以家长跑来找校长帮忙，你自己孩子别人能帮什么忙？你如果在家里不教育好，在学校能教育得好？不可能！别人比你对孩子有更多的血缘和情感？你认为钱更重要，那谁也救不了你，不能少挣一点吗？

邓丽娟：您的核心是不是认为，做好父母的前提，其实是父母应该做好自己？

于海：我一开始就讲这个话，你怎么样，你的孩子会怎么样。大概十年前，英国 BBC 采访我关于“80 后”，当时我就跟他说，不要指责，“80 后”是正常的人，我们“50 后”不正常，该吃的没吃到，身体长不好，然后还有远大理想，还要解放全人类，从乡下回来没干几年马上下岗了，你说你的人生有意思了，大家说很多老人跟年轻人抢位置，《解放日报》记者问我到底是老人变坏，还是坏人变老？ 当然是坏人变老，后来《解放日报》登了大半版。 我认为这不是他们个人的问题，是这一代人的问题，这一代人踏空了，对社会有怨气。 如果我说比他们强，要被“50 后”骂死了，我现在说我是“50 后”中的一员，他们对社会很怨恨，我们能做的是不要改变他们了，给他们创造好的条件，能让他们活动，旁边上青年人的场馆，让老年人、青年人一块互动，可能对他们有触动。

吴金瑜：我就围绕这个“圈养”的问题。 在座的各位家长，这个已经形成社会共识，肯定是不利于孩子成长的，首先我们要把它否决掉。 但是有一个问题大家要关注，什么问题呢？ 中西方文化差异太大了。《金融时报》反映的是西方的教育，包括卢梭的《爱弥儿》，以及杜威的《生活教育》等，我有时候经常说他们很伟大，一种理论、一种教育流派由他们而诞生，但有时候我们可以说这么一句话，他们也不伟大，他们只不过顺着这种文化而诞生下来而已。 在中国诞生自然主义教育、生活教育，是不大可能的，因为我们文化没这种基因。 对家长面临的巨大挑战是什么？ 我们又是中国人，又希望孩子享受到西方的教育，所以我的观点非常中庸，我们的教育目的是培养社会人，培养社会主义建设接班人。 我们要让孩子是个性化的，当然有一定的开放式培养过程，当然我相信这过程中一定是有“圈养”的。

邓丽娟：严校长您怎么讲?

严一平：第一，青春期从生理上讲是个叛逆期，也就是他对世界逐渐想形成自己的看法，有自己的观点，很想自己作主。青春期的特征非常明显，他的冲突在哪里？想自己自主，但老师和家长未必让他自己自主，觉得他社会阅历不够，有的时候真的不够，作出来的决定比较荒谬，但他总是想自己试一把，这个时期孩子和家长、老师的冲突非常明显，以前可能没现在这么明显，这样的情况下谈“圈养”、“放养”，我认为没有太大意义，我们有意义的是加强沟通和交流，这是关键，而不在于我放还是不放。

第二，中国独生子女那么多年以后，可能家长心态也会发生一些变化，我不讲理论，我讲实际的。我有一年带学生到澳大利亚修学旅行，他们冬天是滑雪，夏天是冲车，把缆车运到山顶，大人小孩骑着车往下冲，非常锻炼人，而且它有点技术，自行车前刹不能刹，后车可以刹，前车刹车容易翻。我们孩子胆小，不小心摔了一下成骨折，然后回来家长跟学校不依不饶，我想不就是骨折，还陪几十万元，搞了半年多。为什么我们学校很多时候不愿意搞这些活动，男孩子不跳山羊，不上双杠，因为这些容易造成损伤，但冒险又是他的天性，好奇心也是他的天性，这些都被我们泯灭了，所以我想关于“圈养”、“放养”问题上，家长的心态非常关键。因为只有一个孩子，你绝对不想让他有任何闪失，这样的想法本身就是不科学的，当然我也能理解。如果我们有三五个孩子，可能这种想法就没有了，但是现在这种想法非常普遍。导致“圈养”着不敢动，我们的体育课为什么这些项目全部取消了，我们小时候都有的，就是因为出了问题，社会没办法解决。所以看待这个问题，我们也不谈“圈养”和“散养”，但是交流、引领他们，在这个时期非常关键。

很多家长说严校长现在交给你，我们没办法了，孩子什么都不听我们的，只听你们的。为什么会这样？很可能是你从来不听孩子的，他长到十六七岁，你还把他当成两三岁孩子，所以他也不愿意跟你交流，回到房间门一关跟你结束了，你想交流，他不愿意睬你，这样的关系非常糟糕。

于海：刚才严校长讲得轻了。他说什么都不让你们做，我们先问个问题，你原来能“圈养”，到上大学能“圈养”吗？原来一直“圈养”，他说不科学，我说是自私，或者说把孩子当作私有物。我在日本待了两个月，隔壁是小学，日本的孩子没大人送的。我是10月份去，10月份东京已经比较冷了，孩子全穿短裤，自己穿戴整齐自己上学、自己回来，我当时说你跟日本比比看，而我们的中小学幼儿园边上，不是爷爷奶奶接送，就是爸爸妈妈接送。我看整个社会毛病重得很厉害，还是一个“私”字，社会学家费孝通早就说了，还是“私”，把孩子当作私有物，你能“私”多长时间？到最后你把孩子给害了。孩子从小不能在每件事情上建立起他的这种主体性、责任心，懂得体贴别人，懂得这个世界上我活，别人也要活。

邓丽娟：其实青春期的这种亲子相处，刚才说到了一点，隔代教育是个问题，现在隔代教育慢慢变了，青春期的亲子相处也需要共同去摸索，卢梭在“溺爱”中有一段，我们简单看一下，作为这一章的总结。

当一个妇女不是不给孩子以母亲的关心而是过于关心的时候，她也可以从一条相反的道路脱离自然；这时候，她把她的孩子造成为她的偶像，她为了防止孩子感觉到自己的娇弱，却把孩子养得越来越娇弱，她希望他不遭受自然法则的危害，于是使他远离种种痛苦，可是没有想到，由于她一时使他少受一些折磨，却在遥远的将来把那么多的灾难和危险积累在他身上。

智力和能力的共生共长

接下来下一个主题，智力教育和能力教育当中，孰轻孰重，或者它是不是共生共长？ 我们最应该关注的点是什么，我们如何建立一个红线？ 我想问问各位专家。

杨雄：我讲一下，传统的智力理论以及智力发展认为，智力是凝固的，比如我们经常测试，测试下来大部分儿童在 110 左右，如果是 130、150 就是超常儿童，低于 90 可能觉得智力发展滞缓，一百多年来经典理论都是这样。 最新的神经科学发现智力不是凝固的，大部分人在 110 左右，这是我从小学心理学的经典理论，现在被美国专家所推翻，他做了大量脑电波跟踪和孩子长时间的跟踪发现智力可以改变，能力可以培养。 有时候为什么一些老人的脑电波测试下来智力能力在改变，他的沟壑区、海马区仍然是可以改变的，这是一个颠覆性观点。

于海：接着杨老师的话，简单说是这样，我们现在单兵突进在智力上很有限，我一直是这个观点，人的心智能力是全面的，心智能力里面包括智力，还包括非智力因素如自控心、进取心，对学习的热情和自主性等。家长往往不断把自己想要达到的目标塞给孩子，不断打击孩子全面的心智能力，不断让孩子在主体性方面受挫，很多心理问题是在家里形成的，让学校来背锅。我们能够借鉴美国的教育、法国的教育，非常重要的是他真的是把人看成是一个全面的人，有全面的心智能力，对他有尊重，让他有发挥，所以在大学教育就是两条原则：第一，一定要给我们学生以自由；第二，一定给我们学生以指导，我在他们的面前，一定能够做你们的老师，好为人师，在日常交往中不对，但是在学校里你就是要好为人师，你不好为人师，你做什么老师？

我一个博士生写了一篇文章，讲非认知能力对于一个人的教育成长和教育学术成就的贡献。我说都对，但你的结论是什么？你的结论就是说所有家庭好的孩子不仅认知能力强，非认知能力也比那些农村的和弱势家庭强。很多社会经济条件比较差的孩子，他们很大的受挫不光是智力的受挫，是他们进取心的受挫，抱负的受挫，主体性的受挫，这才是我们今天教育非常大的问题。在座各位家长，不要老想着把自己孩子培养成比尔·盖茨，你自己是不是？除非你自己是，不要有一些不切实际的要求。大部分家长能看到自己孩子智力在平均水平，健健康康，与人为善，就非常好了！

吴金瑜：关于智力的问题，我们是一线搞教育的，我非常同意杨教授的观点，智力是可以发展的，这是肯定的，现在很多脑科学研究都表明了这一点，不要因为我的孩子智商低就把他丢在一边了。但我还要讲一个概念，我认为智力有相同性、绝对性，一个人的智力从绝对角度是有发展性的，我特别要强调今天是个什么时代？是教育普及的时代，从大数据的角度，比如您感觉您的孩子的智商（我讲的是相对智商）是一群人中间中等的水平，那这个孩子用培养科学家的方式做奥数的题目，就有点用力过度了。那这个孩子干什么，每个孩子智能特点不一样，他虽然总体智能（智力、能力）一般，但他有些智能很好，比如艺术、体育等，如果某个智能挖掘出来，他可能成为郎朗，也可能成为韩寒。韩寒虽然中途退学，但现在是作家，又是著名的导演，他的智能特长分析来分析去，所有的考试就语文好，数理化加起来一百分都不满，大家可以看到我们去挖掘什么，在这个过程中我们该怎么判断他，我们作为家长就这样去判断他，我相信这样对孩子是非常有利的，这个时候我们就说这个孩子是真正以“人”去对待的，这样我们焦虑就没有了，孩子不焦虑了，我也不焦虑了。我的儿子考取北大、清华不大可能，那我考上同济、上外，那我的心态就是这样的，这对孩子非常有利，因为孩子心理问题、焦虑问题大部分出现在他想要的东西跟预想之间遥远的距离，还有他的环境以及他自己的能力感觉应付不了，这时候他的心理问题会越来越严重。

我一直持这个观点。

邓丽娟：我们请严校长说一说。

严一平：我们谈了半天就是谈人的未来发展，无论讨论智力和能力问题，还是讨论父亲和母亲教育职责问题，我想我们首先关注的是人的发展。从未来社会来讲，我觉得一个是非智力因素对人发展非常重要。刚才也有教授讲到人的进取心、抗挫能力、遇挫能力，这些方面我们统称为非智力因素，或者讲这个人韧性足或不足，有的人碰到问题容易挫败，有的是百折不挠，所以我觉得孩子这一方面的锻炼和培养非常重要。知识学习我觉得“学活”很重要，因为互联网时代有很多死的知识完全可以网上查，不必记忆，没有必要。原来帮我开车的驾驶员记路能力非常强，现在已经完全退化了，什么地方都记不住，为什么？有导航，每次我跟他去开会，就开个导航，不动脑筋。这是变化，一是非智力因素，二是能力，能力概念太大了，学习能力也重要，当然学习能力强的孩子未必将来走上社会一定就成功。但是学习能力需要培养，这是应该的。养成我刚才讲的习惯，我们不突出那些非常突出的高智商的人，没有意义，刚才专家讲了这是个案，你讨论它干嘛，不解决教育实际问题，但是实际的能力还是需要的。

这个孩子为什么学不好——问题成堆，听不懂，做作业做不了，学不好，我把它讲得实际一点。从习惯来讲，他没有打破砂锅问到底的习惯，他搞不清楚就搁在那里，时间长了这门课就落下了，越落下越没有兴趣。他要躲，你一定要让他学，矛盾就来了。所以我想智力和能力的问题就是养成好的习惯，让你的孩子对于某一门学科、某一个概念能够认认真真理解清楚，他可能就会在学习上获得成功。

想在智力和能力上，我觉得没有必要讨论，不做实验，而且学校也不允许我们做实验。我原来在实验学校是测智商的，上海市实验学校是专门搞实验的，从小学进来智商非常高，结果到初中以后有一批不行的，这批孩子非常活络，但学习一塌糊涂，家长吵闹拍桌子，说我们孩子送到你这里来，给你实验坏了。所以，我现在不谈“实验”。后来怎么办呢？家长说补课。我说补不上去怎么办，家长说反正你先补，补不上去再说。这批孩子可惜了。当时我跟张民选校长说，得有个出口，到初二不行的话还是让他进入一般学校，否则这批孩子很麻烦，所以智商跟学习好坏没有特别的关系，到后面习惯也不好，变成一群聪明的问题孩子。他们都是很活络的，没有意义，你说这个实验算成功还是算失败，现在不敢下定论，因为是政府行为。我认为是不成功的。我搞了一年多，我看到这个情况我认为非常失败。这个问题我认为可以不讨论。

邓丽娟：你从实验转向讨论实际问题了，有的时候家长和学校是相爱相杀的关系，既需要你，也要抵抗你，所以沟通的过程和对话非常重要。我们刚才提到了智力和能力，接下来我想很多家长很关心，现在很多竞赛取消了，比如奥数，包括上海也把口译类全部取消，家长像无头苍蝇一样，不知道该怎么办了，各位校长怎么看？

严一平：我个人认为在很大群体里，有些有天赋的孩子我是认可的，这些有天赋的孩子去搞一些特殊的竞赛，我认为是正常的，现在不正常的是大批没有天赋的人也在里面搞。现在是功利时代，大家都要挤，不管是不是挤得上去。当然奥数也有好的地方，让你看问题、解题的思维习惯不一样，所以有些人讲做奥数、不做奥数，可能有些题目就做不出来，实际是思维的角度问题，所以我的一个观点是，我赞成高中阶段可以搞这样的竞赛，但它只是针对有天赋的孩子，我不赞成初中和小学搞，把奥数和升学捆绑在一起，社会太功利，教育需要有些平淡，但教育被这个功利社会赶得也开始功利起来，所以这个问题我的解答是：我认为取消它是不合理的，但是现在“泛滥”确实是问题。

吴金瑜：我非常赞同严校长的观点，好多东西不能因噎废食，因为它也是人才成长的一个途径。如果泛滥到每个孩子，他的智力、智能、能力还没达到，但因为某些功利的原因，导致全社会去搞这类竞争就一点意义也没有了。对学校来说，现在取消竞赛，实行综合素养评价，名牌大学的录取是根据综合素养来录取的，这些综合素养实际上就是希望大家尽管竞赛通道没有了，但这些综合素养里能考评你的东西还有很多。

我举个例子，一个中国人，考取了耶鲁大学，一个重要因素是他在美国学校读书期间获得五项中华人民共和国颁布的专利。孩子大量时间不是在搞竞赛，当然奥数也好，其他的竞赛也好，对孩子思维能力，包括他的智力提升都有帮助，我们不能全盘否认。在获取专利过程中所获得的素养，远远要高于我们所推行的某一项竞赛，所以我们家长要关注孩子综合素养的提升。

邓丽娟：我想家长们可能对综合素养还有一些不太了解的地方，因为新中考变化非常多，所以可能把它的内容研究清楚是非常关键的，面试已经成为新的应试教育。我想问问杨雄教授您怎么看？

杨雄：上海搞综合素养改革，弄成九张表，我是参与设计的，大数据导到最后，还有后台评价。当时我们很担心，本来是很好的综合素养绿色指标，最后搞成新的一种应试教育，我觉得还是可能存在的。

吴金瑜：是的，比如说我们现在高中里要求每一个学生都要做课题研究，而且每个学校课题研究必须要通过网上的盲评。

杨雄：我们说面试，社会一些机构就训练他，还有个人的简历，也有公司教你怎样做，本来是很好的生活教育，到最后都会成为功利主义的、市场寻租的动力所在。这个当时我们都预料到，但怎么办呢？中国的中高考最后还是选拔，所以这种选拔是很痛苦的。

邓丽娟：最后有个问题要问于海教授，今天的家长不容易，学校不容易，专家也不容易，孩子最不容易，这么多不容易，我们应该如何在心理教育中结合生活教育，因为我们能感觉到有了这种综合素养历练，家庭教育和生活教育就开始看见曙光了，我们必须重视它，必须把家庭中一个孩子和父亲、母亲的角色捆绑一起，才能渡过生活难关，那心理教育成了很大的问题，您有没有什么建议？

于海：我觉得我们的理念都很好，但大家注意一个情况，孩子要遇到好的家长，学生要遇到好的老师。我接下来说的话不是跟你们开玩笑，我们今天就是这样一个时代，我到加拿大生活了一年，为什么加拿大做得好，因为人家整个社会、文化不一样，在加拿大人家心平气和。人家为什么心平气和？990万平方公里，3 000万人，怎么能不心平气和！我到冰岛去，坐飞机回来，正好是白天，飞机在加拿大上空飞的时候，下面我只看到湖泊和森林，房子都很少，人家就是有这样的资源，所以人家整个国民心态就是从容的，生活对他们来说没有那么紧迫，再加上他们的文化，他们这种个人主义的文化，个人自主的文化，所以他这些理念可以实践，我们就比较难。政府有时候不想做，社会要你做，所以我们今天综合素质教育到最后也变成批量化的，一批量化就走样，大家知道这没办法，最后只能自救。

所以，我想说的另外一个问题，如果你不觉悟，谁也救不了你。如果你觉得今天这个潮流不可阻挡，那我今天算白说。但是我想告诉你，改变只有从自己改变，才真正是实质性的改变。

我在儿子教育上有很多事情可以跟大家分享，我就讲一件事。复旦的教授都希望自己的孩子至少能考上复旦，这是毫无疑问的，考不上复旦在某种程度上就是失败。我儿子高考考上某理工大学，我说你去。 到理工大学以后，他经常跟我说他做得很好，我说在这个普通高校，你做得好一点，那很正常，因为你在你老爸家里看到的是“谈笑有鸿儒，往来无白丁”，标准你都已经见过了，不要自鸣得意。 他读了半年说要退学，要考复旦。 我说好呀。 结果我的同事都骂我，说被我毒害了，一定要考复旦。 我说要给孩子自由，你要给孩子实现自己想法的机会，我跟他说了什么样的话，你可以考三年，三年你再考不上你得认，你就是没有考上重点大学的命。 我算淡定吗？ 他当年就考上了，等于就是比别人晚了一年，到了复旦读的八年制医学院，到台湾去交流，学校告诉我如果台湾交流一学期必须降一年级，学校说你要考虑好。 我就问他，你想去吗，你要跟你原来的同学、高中的同学低两级了，他说要去，我说那就去了，去了一个学期降了一级。 读了一年，他说老爸我不想读八年了，他想读五年就出来，我说你想好了，你读五年出来不能当医生。 他读到什么程度呢？ 他八年的同学已经毕业了，他五年还没毕业。 他说老爸你比我还淡定。 我不淡定怎么办，关键我是觉得一个年轻人如果想做几个事，我们有条件，让你晚无所谓，人生根本不在乎这几年，我今天说这个话不是要标榜自己，复旦的教授有几个像我这样做？ 最后八年的已经毕业了，他五年还在学校读，一年年往下延，他自己去创业，做很多事，我明确告诉他，你创业我不会给你投资，我能给你做的是，你创业血本无归，回到家里还有饭吃。 但是我认定一点，他绝对是可以自己养活自己，绝对是个正常的人，跟别人打交道说这个孩子有教养、有理想，就可以了对不对？ 所以，如果整个社会做不到，家长自己做起来。

我还要讲一点，“心理学”这三个字应该用在哪里，今天这个社会最重要的问题是什么问题？ 这个社会是空心的社会，这个“心”不是心理学的心，是中国所说的良知、良心，正常的人格，我们失的是这个东西，那是一般的心理焦虑？ 西安音乐学院那个学生药家鑫，我对药家鑫的评论很简单，他是失魂落魄之人，他不是大恶之人，他这一生没有机会去犯恶，但是他是没有“心”的人，因为他们的家庭教育就一样，音乐，所有事情不干，所有事情他爸爸全部给他安排好，最后他不知道尊重别人，不知道别人的权利，不知道别人的感受，而且他爸爸高压，他如果给爸爸惹了一点麻烦，他就非常恐惧，他当时把人撞了一下，他想家里会很麻烦。 我儿子也撞了一个人，很小的撞，他处理完了以后，我告诉说你是对的，这是正常家庭教育出来的人有良知、有同情心，人互相之间有感应，所以药家鑫最大的问题是他爸爸让他变成一个无“心”人。 今天很多年轻人是没“心”的，不见得他们多恶。

邓丽娟：我要给您出一个难题，面对这样的困境，家长们教育方法不知道谁是科学准确的？

于海：现在问题在这儿，我告诉你，你们扪心问问，你这样溺爱孩子真的是善意吗？ 还是有“私”在里头。 你真的是有心人吗？ 先问问自己。

邓丽娟：今天整个论坛非常精彩，我相信家长们应该和我一样，感受非常深刻，但是我们也要这么和自己对话。我们或许每个家庭都有自己的家庭教育方法，所以我们要做什么，或许我们可以立一个原则，我们必须做到哪十条，而哪十条是我们不能做的。我们每个阶段设定一个目标，用一个好的习惯去驱动，去改变命运，或者社会存在的弊病，我们可以努力改进。或许我们能做普通人，收获普通人的幸福。或许我们先是拥有一个和谐的家庭，做一个大家能够相知、相交，同时能够深深相爱的一家。我们再次把掌声送给在座的四位专家，也谢谢家长们，我们给自己设定一个目标，设定“十许”、“十不许”，我们共同成长。

再次感谢四位嘉宾以及家长来到我们今天的论坛。谢谢!

成长的烦恼

李玫瑾

专家介绍：李玫瑾，中国人民公安大学二级教授，博导。中国关心下一代工作委员会委员，中国预防青少年犯罪研究会副会长；中国心理学会法律心理学专业委员会副主任等。中国心理学会认定的心理学家。曾获得北京市教书育人先进个人称号，北京市师德先进个人称号，北京市高校教学名师奖，全国三八红旗手。

大家上午好！ 非常高兴回到自己的家乡上海，回来感到特别亲切，今天有幸在这跟上海的朋友交流家庭中的心理抚养这个话题，现在网上有非常多的我这话题的传播，有时候自己也觉得莫名其妙，我是一位犯罪心理学专家，却意外地成为受欢迎的育儿专家。 我想，大概是我的专业给了我比较独特的视角，使我对家庭教育中的心理问题关注点和其他老师不太一样，我更多地关注心理问题的由来。在此可先与大家聊些我的专业，让大家了解犯罪心理研究如何发现人的养育问题。

境由心生

我们知道，犯罪人在犯罪前是不会事先告诉你“我要犯罪去”，所以你研究时看不到他怎么作案，观察不到他的动机。即使犯罪人被抓，多数情况下他也不实话实说，他说的话往往真真假假虚虚实实。比如在上海发生的杀妻案，在审理的时候他有他的说法，他说是两人发生争吵时，不想让她喊叫而掐住她脖子、是意外地掐死了。嫌疑犯的话可不可信？怎么判断？这涉及到底是故意杀人、还是过失杀人？或者伤人致死？这关系到案件的定性，而这一判断就涉及心理分析。

说到心理分析，在心理学中有一个非常重要的流派，叫精神分析。这是著名的弗洛伊德研究的东西。我最开始接触他的研究时觉得很荒谬，因为首先，这一研究是从研究人的梦开始的。第一，每个人做的梦几乎没有完整；第二，梦里视像的东西比较多，画面比较多。第三，视像转成言语，把一张图画说出来？说得清楚说不清楚还是一个问题。居然有人敢用这样的素材研究人的心理？所以不仅是我，很多人都读不懂这门学问，大家拒绝这个理论。可是，如果在心理学专业上走到一定深度时你会知道，人的所有高级的心理活动是思维，而思维最重要的是借助语言即符号进行间接概括的认识，间接概括为何要借助语言？ 语言是什么？ 语言是由语词和语法规则组成的符号系统。 符号系统的起点是“语词”，在语词基础上形成“语句”即判断，然后，在句子和句子之间进行转换是推理，概括—判断—推理，所有的思维起始于语词。 那么语词是什么？ 语词由音、形、义三个东西组成，音是说话声音，形是文字形状，义是代表原意。 大家可不可以发现，在语词三个要素当中，可以变换的是什么？ 可以变换的是音和形，法语英语川话粤语东北话，发音可以不同，写出来的形状也可以不同，比如字母、方块，不同的语言为什么可以转换？ 因为义是相同的。 所以，梦境无论多种变化，都不过是“形”的变化或是“音”的变化，本质的“义”是不变的。 因此，语言翻译就是根据义将音形转换。

研究心理的“义”就会发现，一个人梦境中的东西和内心某些东西是有关的。 虽然关系特别复杂。 不过它给我们最基本的原理是，人所有呈现出来的声音即言语、显现的身体形态即行为都来自他内心的“义”。 问题是他的义来自哪儿？ 显然，来自他的生活、他的人生经历。 所以，人的言行等心理活动都存在某种折射。

犯罪人的心理实际上是他过去经历的一种折射表现。 这个折射表现说得再形象一点，是我常说的：“一个人眼里有什么，他内心一定有什么”。 眼里有什么心里有什么，我在分析案件中经常用。 我遇到过一起系列扎刀的案件。 我分析这个人的心理。 我问他“你为什么要这么干？”他说，“我一心烦就想出去干这个事”，这是他给我的一个理由。我又问，“你第一次作案并不烦，你那时正在热恋中，女朋友对你那么好”，他又说，“最初作案不是故意的，就是晚上睡不着觉出去走走，这个女的走到我跟前都没有想法，当她过去的时候我想跟她开个玩笑捅了她一刀”。我又问他一个问题：“你心烦就出去作案，可我不相信，你十多年中每次出去作案时碰到的全是女性？居然在路上没有碰到一个男的吗？为什么扎的全是女性？”我问这话时他当时一愣，看着我没答上来。后来他对我说：“你问的问题我想了想，我真是遇到过男的，可是我没明白为什么没有扎他。”他自己都不明白的问题我怎么分析呢？

这只能从“眼里有什么心里有什么”或者说“境由心生”来解答。例如，每天我们上网，很多人打开的网页，上面有图片、项目、标题等。有固定的项目如新闻、娱乐、体育、股市等，如果你在网上看这些东西时，你会挨个点击所有项目吗？不可能。每个人一定挑自己喜欢的，比如我研究犯罪问题，只要是有“案件”或者“法治”的消息我都会点开看看。对于期货、股市我从来不会点，因为我看不懂。每个人都各取所需。这个话题说得再有趣一点，举个事例，有一年发生过陈某某的艳照门事件，当时网上非常热闹，有一个网站的编导给我打电话，说李老师想邀请你谈谈这个事件，我在电话里干脆利索地说我不谈。他说为什么？我跟编导讲，我为什么不能谈？第一，如果这个陈某某做这个事时使用了暴力，哪怕是麻醉，我都可以谈，因为这叫强奸，使对方不能反抗。但他们是自愿，这就不涉及我研究的领域。第二，如果对方虽然自愿，但不足14周岁，我也可以谈，这叫奸幼，欺负不懂事的孩子。但他们都是成年人。第三，虽然都是成年人又自愿，但如果干这个活就是为了卖盘能挣钱，送到网上要大量的点击率，这也属于我研究的范围，是故意制造和传播淫秽物品。但这三个都不是，所以这事跟我专业无关，既然跟我专业没关系，那看与不看取决于你内心有没有兴趣，如果有兴趣就看看，没兴趣就算了。问题是你若有兴趣、想看，看完后又骂人家不要脸？你在网上一脸的正义、大发议论谴责别人，其实，在网上骂得越狠的人越滑稽，因为凡是骂得狠的人一定是看过的，没看过的人是不会骂的。这就是眼里有什么心里有什么，人总归会从自己的表现于外的言语和行为暴露他的真实内心，甚至他自己都没意识。

正是对复杂隐晦的犯罪心理现象的研究，在借助精神分析、借助犯罪侦查心理分析研究后，让我意外地发现，人的过去经历是所有心理问题产生的原因，是养育和教育造成的。即任何一个人在今天的表现都不是没有根据的，不是无由的。人从出生起，所有的经历都会成为他日后心理活动的支撑。于是，我抛开犯罪的话题，仅从如何避免这些心理问题的发生来思考对策，这就是我今天在此讲解的“如何养育”的话题。我讲的许多内容都有大量的养育失败的根据。

在谈到人的问题的由来还会发现，万变不离其宗。我刚才在讲座留言册上写了几句话，其中一句为“所有的社会问题其实归根到底都是人的问题”。我想说，与其责怪社会如何，不如关心人如何。我们去医院看病，希望找什么样的医生？当然是认真对待病人的医生；我们送孩子去学校读书，希望孩子遇到什么样的老师？当然是认真负责的老师；无论你做什么，你都希望遇上好人，好人则取决于他的家庭养育。也就是说，社会的问题是人，人的问题是养育，养育的问题是家庭。所以，我们社会的好坏，就在千家万户对子女的养育质量。

养育心理

人的问题是什么问题？很多人说“人的问题是教育的问题”，我认为仅说“教育”是不够的，因为教育不能代替养育。教育的“教”是什么？一般谈到教都跟讲道理有关，而人在出生的0—3岁是无法对他讲道理的。这阶段妈妈或养育人也会对孩子说话，那说的是什么话呢？基本都不是道理，是“废话”。例如，半岁以内的孩子妈妈给他换尿布，妈妈换尿布跟幼儿园阿姨换风格是不一样，因为阿姨照顾的不是一个孩子，不可能把所有时间留给一个孩子，因此她完成一项换尿布的任务是直接拿尿不湿，拿一卷卫生纸，拿块毛巾，一打开屁股下擦干净，换完以后包上就走了。可是妈妈不是这样，她得准备一盆水，弄一盒痱子粉放在旁边，一边操作一边话来了：宝宝你睡醒了？我闻着你怎么这么臭？你是不是拉臭臭了？唉哟，你怎么拉这么多？你说你吃什么了拉这么多？……妈妈一边干活一边说，这些话是教育吗？我看不是，是废话连篇？

也叫爱语绵绵。但这样的话非常重要，重要在哪儿？这是人早年的“养”的过程，让他感受妈妈的爱，这时并不是在教他什么道理。不要小看这种养的过程，没有养就不会有好的育。养的过程中给予的亲自陪伴、哭喊响应、轻声细语、爱语绵绵、耐心、制止、某种表情等，都是养育中给婴幼儿的心理营养。

研究生物发展史会知道，心理现象从低级到高级、在很多物种中都存在着。但生命之间差别很大，除生物心理学外还有一门学科叫比较心理学，专门研究不同生物、动物之间的差异。在比较的时候可以发现大自然精美的设计，有时候自然蕴含的智慧远远超出人类的智慧。在不同的生命现象当中，人是最高级的动物，别的动物可以比人个头大，可以比人凶猛，可以速度比人快，嗅觉比人好，但是人都能对付。人类有智慧可以制造精良的工具。问题来了，作为最高级的动物，当人类中的人群发疯、失控怎么办？自然界的设计有相生相克，在人和人之间怎么相互克制？这个现象特别像《西游记》中的孙悟空，孙悟空他太能干了，凡间拿他没有办法，包括玉皇大帝被他闹得很惨，后来是如来佛把他制住了。压在山下。后来为了培养他，让他成为有用的“人才”，让他陪唐僧去取经，可是，他仗着自己本事大，三天两头撂挑子，想回老家花果山过逍遥日子，于是，菩萨送给他一个紧箍咒，这个紧箍咒约束了他，最后帮助他顺利修行。

那么，人的紧箍咒在哪儿？大自然也用了一个智慧，那就是让人类在生命的初期完全无能无助，他要活着的每一个需要只有一个办法：无能到什么程度？ 无能到把奶瓶送到他嘴边都吃不着，为什么吃不着？ 因为脖子没有力量，不能主动够上，只能张开大嘴哭。 第二点，你塞到嘴里，他吃，吃完能给你吐出来，因为那口气在里面顶着，必须把他立起来，搭在肩膀上拍嗝，只有把那口气打出来后奶才能下去。 除了吃喝，还有拉撒，你不帮助他们会沤烂，因此我们必须隔一段时间，把孩子抱起来，让他血液循环一下。

在这个过程中你会发现，人生下来，所有的自然属性、包括吃喝拉撒睡，翻身打嗝，没有一个能够自己完成。 谈到人性，大家会觉得这个术语很抽象，心理学完全破解了，生命带来的自然需求，这些过程都叫自然属性，叫需要，人只要有需要、满足不了就痛苦。 老天设计好每一个需要在人类出生时都不能自我满足，只给他一个本事，那就是哭喊。 孩子经常不管三七二十一，不管你半夜睡多熟，就哭开了，惊天动地，连隔壁都能听到。 这时候你得起床，喂奶拍嗝，得照顾他，弄完还得抱着他，折腾半天。 在这个过程中，老天有第二个设计，孩子喂养一定放在怀中，无论是妈妈自己喂还是别人喂，在这个过程中，有一个特点，谁喂一定会让他记住谁的气味。 他在吃奶的时候，闭着眼睛干嘛，闻着你身体的味道，关键是每天闻着的时候正是他舒服与快乐的时候，有一种被拥抱的感觉，很舒服，又是动态的，嘴里还有着吃的，还贴着你。 不是瘫在那，没有搂的感觉，后背是空的，无所凭的孤独。 当他哭闹时，只要闻到熟悉的气味，他就记住你的气味、声音以及你的相貌。所以人的另一个社会属性就体现在人生命初期每一次被满足自然属性的同时，在满足过程中形成对他人的依恋情感，这种情感就开始了人与人的牵制关系，奠定了他的社会性发展。

我们养过孩子的可以发现，一个婴幼儿即使闭着眼睛，他在熟悉的一个人怀中就非常安静，可是到另外一个人的怀中就开始哭闹，这现象出现在新生儿四个月上下。一百天之后几乎所有孩子都开始有了“认人”的现象。认人就是孩子生下来后对外界的第一个主观的表现，这之前没有任何主观表现，谁抱他都行，但是一百天之后不行，他只要那位经常抱他、夜里睡觉陪在他身边的那个人，比如妈妈或奶奶，他甚至不需要睁眼去辨别，而是一进入其怀抱就会判断出来，哭、还是不哭。他凭什么做出判断？是嗅觉。嗅觉从心理上讲是潜意识的东西，比如在北方吃炸酱面，有葱酱蒜，尤其是大蒜和酱很配，吃蒜的人很幸福，没吃却坐他对面的人很痛苦。我妈妈告诉我，你要遇到这种情况，你看他吃蒜你也赶快吃一口，吃完后不会觉得呛，不是不存在蒜味，而是你俩的味是一样的。有婚姻专家说找对象的时候两个人的气味要相投，一个人给你介绍一个对象，你今天跟他约会，两个人走在一块，老闻着一股味，一说话嘴里一股味，坐在身边一股味，你能谈吗？绝对不谈，你说这个人身上有味，不能跟他谈。如果你再遇到一个觉得这个人没味，不是没味，你们两个人的味是一样的，所以“臭味相投”才能走在一起。气味是你自己觉得不存在，事实上它会左右你很多的选择。

小孩也是一样，在生命初期首先是通过闭着眼睛闻到你身上的味道，四个月后这个孩子形成记忆。对你产生依靠和依恋。依恋是人的情感起始，情感是什么？情感是人和人之间可以带来美好感受的东西，所有舒服和快乐的记忆都源于此，当你依恋一个人而且依恋得到满足的话，你会特别快乐，快乐带来的是身心愉悦，放松情况下再看这个世界就很美好。如果你内心很紧张，每次哭喊后来的是你不认识的人，这种感觉很可怕。我们到成年后可以看到，如果一个人性格非常放松，温文尔雅，遇到一些刺激不轻易地起急，不是故意不急，是真的不急，他很有耐心，这源于他的来到这个世界初就身边充满爱和温暖。一个人一说话就爆，他平时并不坏，有时候他心眼很好，可就是坏脾气，你就可以知道，他生命早期依恋情感的满足不够，或者抚养不到位，照顾不到位。所以，人在什么都不懂时抚养过程就是一种"育"，可以影响他未来的情感、脾气、言语和社会性的发展水平。

所以，三岁前的养育是教育的前期。亲自抚养实际上就是积累教育的心理资本。通过日复一日的辛苦，天天抱在怀中给他带来温暖，安抚他的痛苦，让他记住你的声音、相貌，这个过程让他形成对你的依恋，只要这个依恋情感在，你以后因为生气打他骂他，他不会恨你。为何 20 世纪"文化大革命"期间社会那么动荡，每个家庭不止一个孩子，父母没时间管教孩子，很多父母没少打孩子，但那时候的小孩都不记恨父母，为什么？因为那时候爸爸妈妈都不会轻易离开家庭，因为那时候想离开本地得先换全国粮票，全国粮票经过批准才能换。这种情况下，无论多穷无论多苦，对于孩子来讲，只要爸爸妈妈在身边，家就是家。

依恋的情感，在发展过程中，先是一对一，然后一对一不离开的情况下开始发展亲情，睡觉要妈妈，别的时候可以跟奶奶玩可以跟爷爷玩。亲情发展得好，可以往后发展伙伴情，刚开始中性，然后同性，之后异性，所有的过程中是以最初的情感为基点，这是第一个台阶，如果这个台阶不好，后面有一系列的问题。情感是什么？我在研究犯罪问题的时候看得非常清楚，多残忍的犯罪人，有时候在能动手杀人但是不动手，导致他停下来的原因是什么，一定是有一份情感在里面。我在《开讲啦》举了一个案例，这个人杀人无数，他杀过老人、孩子、男人、女人，一直陪在他身边的女人，他也随时可以把她干掉。他为了作案找了一个监狱同伙，两个人抢完钱后，他不想分钱，把对方干掉了。这么一个可怕的杀人不眨眼的家伙，警察上楼抓他，进他房间后，他们家很简单就一个桌子，户口本在抽屉里，同时他把一把手枪倒贴在抽屉里，他掏枪很容易的。当时警察进去后他走向桌子，这时候天知道他要拿什么，可是在没到桌子的时候，他妈妈从卧室出来了，出来站在警察身边问："儿子，警察找你什么事？"他一看他妈妈一脸的担心就说妈没事，他们找我办户口，我去去就回来，拿了户口本走了。到了楼下，进了车，戴上手铐，第一句话就是："你们应该好好谢谢我妈，如果不是我妈就不是这个结果了。"后来警察问为什么？ 他说：“我不忍心当着母亲的面杀人”。 就他这一句话，我就知道，他在六岁之前一定在妈妈身边长大的。

所以，依恋的力量在哪儿？ 它决定人性的另一个属性：社会性的唤醒与发展。 一个人的社会性如何体现，基本的观察指标就是他的情感。 他的情感越丰富、越高级，他的人性就越丰满。 最高级的情感是对陌生人的理解、感同身受及帮助，这就是博爱。 犯罪心理研究让我发现，人的情感是分层次的，有的人只爱与自己有血缘关系的人，但他们对陌生人很残忍，这种情感虽不完满，但是，有时会让人感到，他还有人性。 情感越丰富，人性越饱满。 曾有一个犯罪人作案非常残忍，十多年后，突然不作案了，后来把他抓住，问他为什么不作案了？ 因为那年他的儿子考进当地的重点中学。 有的犯罪人因为妈妈，有的因为儿子……在有些犯罪人的心中仍有柔软的地方，这个柔软的地方或许就是一份亲情，至少得有获得亲情的能力，这个能力需要养育，如果不养，你就可以见到毫无情感的人。 在美国犯罪心理研究中，把缺乏养育形成的情感缺陷的人叫具有冷酷无情特质的人。 冷酷无情特质属于有情感能力，但是没有给他爱的抚养，所以缺乏情感的力量。

还有一种现象，生下来完全没有情感力，这是什么情况？这是反社会人格。 反社会人格的人不是反对社会，而是他与一般人的社会性相反，无法通过养育形成依恋等情感。 若理解这一问题需要类比，我们知道，人有一种天生的能力即智力，智力让人类能够占用许多资源。 但是，有人天生智力残缺，严重者叫白痴，生下来后再努力也不能正常上学。反社会人格就是情感上的白痴，你对他再好他也没有感觉，他不在乎，这种人在民间称“喂不熟”。但这种人还有一个特点，他们缺乏情感，但智商较高。反社会人格有轻—重之分。轻性的反社会人格在高智商人群中很多见，他们并不都犯罪。他们喜欢独处，待人比较冷淡，不太合群，有的比较宅。如果这种人作案的话，一般是独狼方式。前几年拉斯维加斯发生过一起32层楼房向音乐广场扫射的案件，那个犯罪人就是比较典型的反社会人格，而且最重要他父亲也是全美十大通缉犯之一。高智商犯罪有没有遗传基因，很难说。

除反社会人格外，绝大多数人的情感、人性都可以通过养育来唤醒和发育。亲自抚养得越好，人的情感就越好。为什么讲0—3岁特别重要，因为1岁不能翻身的情况下，养的方式会决定他成年以后很多的问题。谁养这个孩子听谁的；孩子在痛苦的时候哭喊，呼应得到不到位？是让他哭一会儿还是不让他哭？都会影响孩子的性情。我生女儿的时候，我妈妈告诉我，不要一哭就抱，抱起来就放不下了，她会老闹着让你抱。我在研究中明白了心理学道理，当我女儿生孩子时，我就跟她讲，一岁之内哭就抱起来，因为他在这个年龄哭是生理痛苦感，你要及时呼应，让他痛苦的感受和记忆降低。因为感受痛苦才哭，他没有特定目的，你不响应他更痛苦，长时间哭泣会让内脏神经记忆全是痛苦。内脏有自主神经系统，也叫植物神经系统，只要有神经细胞就有记忆功能，而且这些记忆全在意识之下。有些人成年后，经常歇斯底里，情绪不稳定，脾气急、突然狂躁等，这些表现让身边人莫名其妙，其原因多在早年，在幼儿时期形成的情绪问题滞后表现。因为自主神经系统的消息不进入大脑，所以，当事人自己也不明白为什么会有那么大的火气。有时候上网，经常见到有些人说话特别“暴”，几句话能让他暴语如雷。现代生活中开车的人多了，你会发现一类“路怒族”，平时他挺文明礼貌的，可不知为什么？只要他一上车就容易急躁，要么粗鲁地骂人，要么把人堵在路边揪人下来揍一顿，还有更冲动的，直接开车冲撞之类，做些极危险的行为。所以，了解养育知识你就知道了，有修养的人一定经历过非常好的养育方式。而坏脾气的人，他父母对他一定是粗放的养育。

除了亲自养和耐心细致、及时响应的养育方式外，养育中情感丰富与否也有不同的表现。孩子哭喊时，呼应的人员多少也有不一样的结果。多数情况下是妈妈一个人照顾孩子，爸爸上班了。如果是大家庭，有妈妈、也有奶奶爷爷或者姥姥姥爷，还有保姆，那么，这个孩子一哭，床边立即会起来好几个人，只要孩子面前呈现两个以上的人脸，他们之间一定在说话，每个人都会发出声音，于是，养育的亲人越多，幼儿耳边声音就越多、越丰富。他会怎样呢？当他一会说话那就是一个小话痨。而且见人不害怕，会主动说话。如果平时只有妈妈一个人陪伴照顾他，妈妈还要做饭，甚至妈妈有时候还有其他事情，小朋友看着妈妈工作呢，自己在旁边玩。这孩子平时在家耳边声音少，很安静，当他被领出门见到陌生人时就会害羞，不敢跟人有太多的目光接触，张不开嘴。

由此可见，一岁之内的抚养决定多少心理的发展。呼应的及时与否会影响到人的脾气，抚养人的多少、声音丰富与否会影响到言语，言语学习需要听，取决于环境。曾经有一个学外语的学生问老师："我为什么学这么多年就是听—说不行呢？"老师特别逗，瞥了她一眼说："你看美国的傻子会说话吗？"老师的意思是说，你没有足够地听，怎么能张嘴说呢。小孩子说话也一样，听得多才说得出。爱说与不爱说还会影响人的认知方式。

认知方式指什么呢，是指不属于智力因素的心理活动影响到学习成效。同样聪明的孩子，有的很安静；有的眼观六路，耳听八方。上课的时候能发现，这两种孩子学习结果往往不同，眼观六路的孩子他上课会随着老师的眼神到处看，他愿意与人示好，他若发现老师盯住一个低头的学生时，他会找机会提醒那同学；还有一种孩子，跟老师目光没有太多接触，盯着黑板，全程听着讲解。后一种孩子学习成绩肯定好。前一种孩子接触他的人都觉得他很聪明，可是老师和他父母会纳闷，他的学习成绩为什么不稳定？原因在于他的注意力变换太快。有的家长跟我说，我的孩子蛮聪明的，为什么就是学习不好？我经常回答，你这个孩子大了适合当领导，因为他更关注的是人，眼观六路耳听八方，他不是智力不够，是对人即活物更感兴趣。

养教结合

老天把人的养育设计成一对一很有意义，人类这种高级动物需要更精细的养育。因为很高级，不像低级的生物，养到位了，孩子对抚养人很有情感，随后在他稍懂事时才可以对他进行教化。即0—3岁有恩于他，4—6岁要立威于他。

心理营养如同生理营养，再好的营养品如果使用超量或过度也会出现危害的。心理营养也一样，刚才讲到，在孩子出生时，尤其在一岁内，他哭就要帮助他解除痛苦。但是，当孩子能说话了，当他出现主动要求、不满足就哭闹时，我们的养育方式就要出现转变，这个时间一般在三岁上下。之前的爱要适度地收敛，不能再毫无条件地表达爱了。而是要告诉他，如果你做得不对，我就不爱任性的你。这时要给孩子建立一些行为规范，这些规范建立就是社会化的过程。

三岁后绝大多数的孩子都能表达自己的想法和要求了，因为他能表达，你就能更好地了解他，同时他也能跟你沟通了，了解你的要求。当孩子再跟你哭闹的时候，你可看出，他的哭闹有时不是生理性的，是目的性的，他要达到他的目的，你若不配合他就闹给你看。比如我要一个玩具你不给我就闹，我要吃冰棍不给我就闹。还有现在很多孩子愿意玩手机，可大人们知道，手机的屏幕不同于纸质的书籍，看时间长了会影响正在发育的眼睛。当你要拿回手机时他一定会抵抗。这时，你跟他讲手机伤害眼睛……这话他是没兴趣也听不进去的。于是，你需要让他明白，你长大的过程要学会接受外界的教育，要有行为规矩，这种遵守规矩的意识越早形成越好。有的孩子聪明，两岁左右都可以开始，只要他能够很好地表达他自己的意思，很好地理解你的意思，就可以教他形成规矩意识。

立规矩的方式很简单，那就是当你遇到孩子出现任性的要求并表现固执时，对他进行有意的一对一的“说不”的教育。这里，若三代人在一起时，跟爷爷奶奶讲好，在教育当中一定要有一个理念，不要越位。即谁生的孩子谁来管，而且谁做主。无论谁在，只要他的爸爸在、妈妈在，别人就不要管。如果爷爷、奶奶不同意孩子爸妈的做法，只能背对着孩子，单独与孩子父母沟通，不能在父母正在管教时老人提出不同看法。那会影响父母管教的效果，而且会破坏孩子对父母的尊重感。当然，如果爸妈出现暴力管教时，那不仅是老人，任何人在场都要当面制止，及时制止。任何打骂孩子的行为都不是管教，而是伤害，因为这种方式只会让孩子恐惧，久而久之会让他对管教产生抗拒与麻木。

如何对孩子说“不行”呢？无论孩子在哪儿出现任性的行为，先把他抱起来，带回家中的卧室里，然后留下一个人，或爸爸，或妈妈，也可以是奶奶，一对一地管教。把门关上，这时，一不要骂他，二不要打他，三不要在当时给他讲道理，四不要走开。不打不骂大家容易理解，为什么这时候不讲道理呢，因为他在哭的时候，你所说的话属于“噪音”，他听不进去。为什么不走开呢？因为你不在他眼前，他会害怕，同时看不到你的表情，这个表情是一种态度，也有教育作用。你拿着一个凳子坐他对面，让他痛快地哭一次，当他声音渐弱自己不哭了，你去拿一块热毛巾，为他擦擦脸，他舒服的同时明白你仍然是爱他的。然后把毛巾放下，问他“还哭吗，要哭接着哭，我等着你”。让他明白，哭不能解决任何问题。然后可以让他睡会儿，这时候你别走开，拍拍他，陪伴他。无声的陪伴是最好的教育。为什么他哭时你坐在他对面不制止他呢，因为你要通过这样一次的有意而为，让他明白一个道理，当我认真地说不行的时候，闹是没有用的。当你做过这样的训练后，他今后就不会用这个方式达到任性的目的。

当他不睡了或睡醒了的时候，你领他到外屋，先给他喝口水，然后拉着他手告诉他，我跟你说个事，就是刚才你哭的事情。你现在长大了，会说话了，什么都明白了，但是你刚刚那么哭闹，还哭那么长时间，你肯定有想法，但为什么不好好说话呢？告诉他，咱们家如果妈妈跟爸爸说一个事，爸爸不答应妈妈在那哭半天，你觉得好吗？如果爸爸有一个什么事跟奶奶说，奶奶不答应，他也坐在那里哭，你觉得好吗？不好吧。所以，你长大的第一件事情就是学会说话，有话好好说。不要闹，哭闹是不好的习惯，以后要好好说。

止住了哭闹。然后告诉他，“你说的时候我一定认真听，但是你说完了，也要让我说，我说的时候你也要听，最后，我们俩谁对就听谁的。明白吗？”这是你在对他说“不行”之后，还要告诉他“怎么才行”。给孩子建立一种与人说话好好沟通的言行方式。让他有想法、有要求、有情绪时学会好好说话，这是培养性格的一个重要的内容。

什么叫性格？性格是人后天形成的社会行为，三个要素：后天、社会行为、方式。性格将决定他一生与人相处的方式。一个人的平和，讲理，能够自我控制等都是良好的性格，也是家庭教养。性格培养中，要让孩子学会克制冲动，抵制诱惑，吃苦耐劳，学会与人分享等品质。如果父母在孩子六岁前有意培养孩子的等待、忍耐、自律等品质，他成年后就会成为一位非常有教养的人。

如何训练他克制冲动、学会自我控制呢？这可以选在他四岁上下。这之前我们替他选玩具，他一去幼儿园就会看到其他小朋友的玩具，就会出现自己想要的玩具。四岁前后可以通过带孩子买玩具，让他学会等待与克制。去商店后先让他自己挑，挑好以后，你要当他的面把标签价钱大声念出来，然后告诉他，这个玩具超出了事先的计划。这时孩子会发蒙，“不是你带我来买玩具的吗？什么计划不计划的？”这时，你一定蹲下来跟他讲，“你知道爸爸妈妈为什么每天离开你去上班吗？就是因为去挣钱，虽然我特别不想离开你，可我还得去上班，上一个月班才给我一次钱(工资)，拿一次钱要花 30 天。”你告诉他 30 天内，每天开灯花电钱，做饭花煤气钱，烧水花水钱，买菜花菜钱，柴米油盐，日用开销，你的玩具也是需要计划的，这个玩具超出了计划，如果今天把这个玩具买回家，下星期的菜钱就不够了。他虽然明白了你辛苦是挣钱，但这玩具买不成会让他很不高兴的。这时你要给他希望。你告诉他，我回来晚是因为加班，加班能单独拿加班费，跟工资不一样，我这星期多加几次班，下个星期六咱们来把这个玩具带回家，好不好？因为我们之前建立了沟通模式，他也知道你说不行时闹是没用的。你把他领回家，一周他心里都惦记这个事了。这就是有意而为地让他学会等待与克制。

在等待过程中，你还可以提出其他要求："妈妈加班很辛苦，晚上要早睡，你也早点睡，你不上床我也没法睡觉，我不睡觉怎么加班？"你还可以告诉他："妈妈上班很累，你能否自己的事情自己做，帮妈妈分担一点儿？把你的玩具收好，把床铺好。"你可以用这个方式提出你的要求，再如，让他坐在桌前画十分钟的画，随着年龄增长，画画时间增加到20分钟、25分钟，直到六岁时能在桌前坐半个小时，他上一年级后回来写作业，半个小时一门课他就习惯了。这就是你在三到六岁有意而为的结果，在这个阶段不训练他，以后他上学当然坐不住。

学会等待后还要学会拒绝诱惑，自我管理。这事情可在孩子5岁上下进行操作。如在周六下午准备三份好吃的东西，下午午休后拿出两份到他面前，告诉他今天做一个游戏，给你准备好吃的，你看几份，为什么？告诉他一份今天的、一份明天的。一起给他，由他决定怎么吃。游戏规则是，今天吃今天的，明天吃明天的。如果你选择明天再吃明天那份，到时候我给你增加一份；但如果你选择今天都吃了，那明天就不增加。

无论怎么吃都由你自己决定。 当孩子第一次自己决定的时候，他可能会吃完第一份就吃第二份，你不要问也不要看，找个事走开。 到第二天、星期日下午午休后，你拿着第三份去找他，告诉他“你只要拿出今天这份，就给你这份，这就是游戏规则”。 他若拿不出来，你告诉他，“不是我不给你，是你自己不想要。 因为你知道这个规则”。 他最多一下午不高兴而已。这样过上一两个月，你再做这样一次游戏，估计第二次时许多孩子会吸取上次教训，会抵制食物的诱惑，保留下来，因为他知道，克制得到的更多。 你找机会还可以告诉他，这游戏让我们知道，有些东西要慢慢拿，只顾眼前就会失去后面的。 通过一个游戏让孩子知道自我约束的意义。

学会分享，分享是什么？ 在我们家庭的饭桌上，我小时候，爸爸妈妈做饭的时候我的工作是把桌子收拾干净，把碗筷放好，凳子摆好，只有爸妈坐在桌边我才能坐下。 绝对不能自己一人坐在那，爸妈拿起筷子我才能拿起筷子。 我吃完需要把筷子放在桌上，同时说“爸妈我吃好了，你们慢慢吃”我才能离开。 我母亲是绍兴人，她小时就受这种家规熏陶，有规矩的人走向工作岗位也是有规矩的。 小时候什么事情都随便，进入到工作岗位，你就会发现，这个人眼里没有别人，自私自利。饭桌上还有一个重要的规则，吃东西怎么分派？ 有的时候，我爸爸上夜班，我妈就拿干净的碗筷单独给他拨出一份，不会将吃剩的菜让他吃，其他家人也一样。 分水果也是这样，谁不在家就把最好的留给他。 这种家庭长大的孩子出门后一定心里有别人，因为谁不在他都会心里想着谁，他一定有朋友。

学会吃苦耐劳，我主张孩子从小开始强身健体，比如跑步，常常跑得上不来气，当你过了这个阶段，你会发现没事了，你告诉孩子，生活当中也是这样，刚工作特别难，只要坚持，最后会发现不过如此。或者游泳刚开始很害怕，只要你不放弃，一定慢慢可以学会。人从不会到会就是学会驾驭外界，你才不会害怕，不能因为害怕而拒绝学习。

总之，6 岁之前，爸爸妈妈不要轻易离开孩子，这阶段给他的性格培养是他一生的资本，好的性格才会带来好的命运。这个阶段将情感与性格培养好，后面的家庭教育也会一顺百顺。有的家长经常说孩子上学后不爱学习，就想玩。这个问题的原因在于他坐不住。为什么，一定是 6 岁之前对他比较放任，性格培养没到位。坐不住的原因在哪儿？很多背景是让老人带的问题，因为老人的生活是没有太多节奏感的，退休了不用上下班，买菜做饭，如果孩子不去幼儿园，孩子也跟着没有节奏，没有节奏就会有什么问题？成年后他的生活没有节奏。

青春成长

成长还有一个重要的时期——青春期，这是我们父母最难教育他们的时期，显现问题最多的时期，前两年一个爸爸把一个孩子的手机抢过来从阳台上扔下去，结果这个孩子当时从阳台上跳下去了。青春期是人在 12 岁之后，一般女孩 12 岁、男孩 14 岁开始启动性的生理发育，也会引起心理上的巨大变化。这时的人往往出现明显的性情变化。

第一，青春期的孩子大多出现疏远父母的表现，小时候希望父母不要离开，青春期则希望父母离自己越远越好。 爸妈说去看电影，他多数时候会说“你们去吧，我要跟同学一块去”。这阶段他与同学的关系更好。

青春期是他们接近成年的时期，因此，我们要帮助他成人，而不是还把他当作小孩子来管。 情感培养是三岁之前，性格培养是六岁前，青春期则以尊重教育为主。 现在有很多家长甚至不是教育，是管理。 教与管区别何在? 管，给他一个范围，并规定不能超出这个范围，例如，你必须考名牌大学，你必须学理工科等；可他日益长大，思维能力增加，他有自己的想法，自己的喜好和目标，他要自己作主，所以，一定表现出对父母的抗拒。 而教则是用导、引导的导。 引导什么意思? 遇事与他讨论，先看他有什么想法。 与父母想法不同时，要分析不同选择之间的差别，最重要的是你通过分析告诉他，这个选择的结果是什么，那个选择的结果是什么，你更希望哪一个结果，而不是说我告诉你“就得这么着! ”不同的结果让他选择，给他作主的机会，但你也提供了你的意见。 真正好的引导方式是站在他的角度，告诉他这个事，不对在哪儿，这个过程很重要。

当孩子进入到中学初二前后、他们陆续进入青春期，父母就要先调整心态，孩子在一年之内迅速达到跟你差不多高度的时候，你跟他说话要换一种口气，过去是要求和建议，现在更多是要幽默一点，轻松一点，别一本正经地像上下级的关系。还有的孩子到中学学习跟不上，如果真跟不上，你不要着急，跟他聊聊：哪一个科目感到轻松或擅长，哪一个科目不擅长，可以问他：需要不需要给你找一个老师？ 我怎么才能帮上你？跟他商量，他自己是有感受的，如果你不尊重他，他当然抵触你，很多事不跟你商量，因为你不跟他商量。 很多孩子为什么不跟父母说话，是因为他跟你说没有效果、没有意义，因为你从来不听。

青春期的教育，要以对待成年人的方式与他们对话。 而且，如果你亲自带大的孩子，你也会了解他的许多特点和想法。 你能了解自己的孩子就容易沟通，如果之前这孩子不是你带大的，你肯定不了解他的想法，那当然在青春期不容易沟通。 如果你的孩子全才，文科理科都很好，爸妈不用操心，如果一个孩子在学习上有困难，我们要跟他探讨他适合做什么。有些男孩死记硬背不行，操作上很厉害，这样的孩子适合学工科，有个妈妈跟我讲他家里好多小罐罐，全是小虫子。 我说你这个孩子适合学生物。 有的爸爸跟我讲，我女儿天天看动漫，日语都会了，我说你送孩子去日本学动漫吧。 条条道路通罗马，我们要跟孩子探讨未来干什么，可以从初二开始，我们要给孩子至少提供五六个可能的职业方向，你特别擅长做什么，如果他说我不喜欢做这个，你想做什么你自己说。 当他明确以后，从初中开始往这方面有所准备，我认为孩子的价值在哪儿，不同于别人的东西，有些人往往学习不行，别的方面行，一定找到适合孩子的。

第二，青春期关乎人的性发育。所以，与性有关的话题是重要的引导话题。这件事情许多父母不知怎么进行家庭教育。我建议，也是在孩子进入中学后，当女孩出现月经，男孩出现排精现象后，父母就要跟孩子探讨一下男性与女性的话题。我曾经在优酷窦文涛的栏目《圆桌派》上说过，爸爸可以跟儿子讨论，告诉他女人有哪些东西重要，妈妈可以跟女儿讨论，我当初怎么看上你爸爸的。你要和他讲人生的道理，我的女儿初中时也是几个男孩喜欢她，我从不对此表态，而是有一次带她买衣服，先去离家近的一家店，她看了看，说我还想去另一家店看看。她说的那家店是大型商场。最后在大商场挑上一件。买完后我对她说，其实挑衣服跟找对象是一样的，你现在的中学就是第一家店，你还没有看别的店，你不要着急先选哪一件。她立即说妈妈我明白了。记得马未都先生说过，也有些父亲会跟儿子说，孩子你不要找你妈这样的，我找她吃了一辈子的苦。我觉得这也是一种教育，至少知道哪一种异性不能找。孩子初中阶段早点跟他聊这个话题，可以有更长远的眼光了，这样就不会局限于眼前。曾经一个男孩在县城，跟他爸说我看上我们班一个女生。爸爸说我儿子挺有眼光的，这个女生不错。但是孩子，你如果今后打算在县城工作，这个事现在可以定下来。如果你要打算考到北京，是不是再等等？这个爸爸非常聪明，没有说行还是不行，而是说“你还有未来”。要把如何找对象的思路告诉他，跟他谈谈人这辈子最基本的生活是家庭，夫妻和谐才是立家之本。

第三，青春期还有一个重要的成长话题：未来以什么为生。要与孩子讨论他今后愿意做什么工作，想从事什么职业或说喜欢做什么样的事情来挣钱。而不是说先好好考大学再说。如果他对未来的工作选择很茫然，父母更应该与他讨论，根据父母对他的兴趣、能力的了解，给他提出建议。喜欢数学的可以做什么工作，喜欢语文、擅长写作的可以做什么，喜欢化学的可以做什么……并非人人都能进入名牌大学，但选择自己喜欢的事情做一生，这才是他的幸福。我认识一个朋友，夫妻两个特别强，女儿特别优秀，到美国读书不到十年，自杀了，留了份遗书，你们两个太强了，我永远超不过你们，你们当初不应该要我……我想说，许多人只有活到半百，才会明白做父母最期盼孩子什么？那就是他成家、有份稳定收入的工作、常回家看看。

人生很复杂的，孩子成长时我们总期待他有出息，学历越高越好，出国越远越好。可是飞得越高越远，这孩子就不属于你了，他生活已经进入另一轨道。你早先期待的生活到晚年时期会有改变。他上学时你总觉得他没出息，可你老了，他因为没出息没走多远，他可能因此留在你身边。你会发现，他有孩子后你可以帮他，你老了走不动时他来帮你。那时，每个周末他带着一家人回来，恐怕这是无数进入晚年的父母最快乐的生活。这就是人生，最重要的是父母自己先明白，如果大人明白，孩子发展自然轻松而健康。

读懂孩子的心

边玉芳

专家介绍：边玉芳，北京师范大学教授、博士生导师，北京师范大学儿童家庭教育研究中心主任；北京师范大学心理健康与教育研究所所长；北京师范大学中国基础教育质量监测协同创新中心学术委员会主任；国家义务教育阶段德育监测首席专家和牵头人；教育部中小学心理健康教育专家指导委员会委员；“中国好老师”公益行动计划副主任、首席专家。

几乎每一位父母都爱自己的孩子，都为了孩子好。但现实生活中，总有许多父母那么爱自己的孩子，但孩子呈现出来的状况可能与父母的期望相差很远甚至适得其反，这令我们许多家长困惑甚至痛苦，背后的原因到底是什么？

今天的分享我想从一位爸爸与他女儿的故事说起，一个深爱女儿的爸爸，在女儿5周岁生日的时候在朋友圈里发了一个消息，我们来看看这是一个怎样的爸爸。

朵朵，爸爸清晰地记得2014年的今天，长空蔚蓝，大地和暖，你如天使般降临到我的面前。你像白天的艳阳，你像晚上的圆月，你是灵性的春风，你是迷人的梦幻。时光悄然流转，与你一起1825天，只离开你三日，仍觉亏欠，你偶尔不在家的日子，我和妈妈的生活好像没有了主线，我们是如此将你爱恋，我们是如此将你挂牵。我极为认真地用心记录你的点点滴滴，无论是生活里游戏的欢颜，抑或是学习中严格的看管，我用柔软和威严将你的精神面貌构建。我愿为你摇动船桨，我愿为你扬起船帆，我愿陪你启航人生，我愿做你停靠的港湾。朵朵，如果还有来生，我愿做一棵父亲之树，优秀你的品质，焕发你的容颜，支撑你的梦想，飘落你的愁烦。我愿将你的名字刻在我的树干，永恒地站在你必经的路边。

从这封写给女儿的信里，我们能感受到这个爸爸很感性，很爱很爱自己的女儿，愿意为女儿奉献自己的一切。而我们大多数人，作为父母，爱孩子的心情亦如是。我跟这个爸爸相识源于一个节目，叫“超能幼稚园”，我在里面的角色是一个园长，超能幼稚园的园长。超能幼稚园实际上是我和节目组打造的一个理想幼儿园，我们精心搭建和营造了一个适合孩子成长的环境，这个幼稚园所有的课程都是由我来设计的，所以我是这个节目里面课程的设计者，是所有故事的讲述者，同时我又是一个观察者，观察孩子们的发展状况，孩子的家庭教育情况以及幼儿教师的教学状况。

在这个幼儿园里，朵朵是大家心目中的好孩子，一来就特别让人喜欢，但是当我们再跟孩子相处得久一些，对孩子的观察再深入一些，就会发现，她身上有很多问题。她的人际关系非常的被动，不会打破规则，不会表达自己的内心感受，尤其不能接受失败，例如节目中有一期里有一个运动会，朵朵但凡在一个项目上失败过一次，就再也不肯去参加了，因为爸爸从她出生起的第一天起就教育孩子要争第一，所以在朵朵的字典里没有第二。尤其值得关注的是，朵朵爸爸自认为了解孩子，但他真的不懂孩子。他认为朵朵最爱舞蹈，但朵朵说自己最不喜欢的就是舞蹈；他认为朵朵的画是在画快乐一家人，而朵朵说这是一个女孩子被花挡住了她没法出去所以她哭了；他认为朵朵是爱学习的，所以不会累，而朵朵说她觉得“乏”……诸如此类，无不体现出一个如此爱孩子的爸爸是多么不了解孩子、理解孩子。

我想每一个爸爸妈妈都无疑是爱孩子的，但是我们真的懂他们吗？朵朵与爸爸的故事带给我们很多思考，究竟什么是为孩子好，我们给孩子的是不是孩子所需要的，我们对孩子的爱与孩子的成长需求之间有没有错位，我们真的了解和知道孩子真实的想法和感受吗？有时候你认为了解，但其实可能孩子真的不是像你所想像的，在孩子不同的年龄阶段到底要让孩子学习什么？我们怎么样看待孩子的成长以及孩子与我们的关系？所有这些问题，都是我们需要认真思考的，而对这些问题的思考和回答说明了我们是不是读懂孩子，家庭教育要从读懂孩子开始。

读懂孩子要厘清自己的育儿观

读懂孩子什么呢？读懂孩子的内涵是非常丰富的，比如我们要了解孩子的成长需求是什么，孩子不同年龄阶段发展的重要任务是什么，我们要把孩子培养成一个什么样的人，我们怎样才能走进孩子的内心世界……其中，我们要做好家庭教育、读懂孩子，首当其冲的就是要厘清自己的育儿观。什么是育儿观，涉及的两个最关键的问题就是我们想要把孩子培养成一个怎样的人，孩子和我们的关系是怎样的？对这两个问题的不同回答体现了我们不同的育儿观，如果在这两个问题上没有清晰的认识或认识不到位，就有可能造成家长不当的教养方式和教养行为。

我们想把孩子培养成一个怎么样的人？家长对这一问题的回答体现在日常对孩子的要求和期望中间。比如，大家都听说过这句话："不要让孩子输在起跑线上"，因为这样一句话引发了家长广泛的育儿焦虑。但是，我们仔细去分析这句话有很多问题值得我们进一步思考，比如说不要让孩子输在起跑线上，输的是什么？赢的又是什么？起跑线相对应的终点内涵是什么，什么是起跑线？从哪里开始？孩子所有良好品质的形成都有同样的起跑线吗？不同孩子的起跑线是一样的吗？

我们家长有没有这样的顾虑，当孩子说话比别人慢，识字不如同龄小朋友多，孩子没有当上班干部，甚至没有考上北大清华，我们的孩子是不是输在起跑线上了呢？ 我在这里给大家举几个例子，这里有 3 个男孩，A 男孩、B 男孩、C 男孩，这三个男孩小时候表现都非常优秀，在一般人的认知里，他们都赢在起跑线上了，但可能大家也都知道，这三个男孩无一例外都走上了犯罪的道路。 以 C 男孩为例，他是大家都熟悉的李某某，所以我们真的要想一想这样是不是赢在起跑线上，怎么样才算赢在起跑线上。

同时，我要向大家介绍另外的三个男生：A 男孩、B 男孩、C 男孩，这三个男孩小时候表现都不好，他们无一例外表现得很普通，甚至在许多能力的表现上要比正常孩子慢许多，可能在一般人的认知里，他们都输在起跑线上了，但我要告诉大家的是，这三个孩子长大后无一例外成为了举世闻名、流芳百世的大科学家、艺术家、哲学家。 以 A 男生为例子，他 4 岁才会说话，7 岁才会写字，老师对他的评语是反应迟钝，思维不合逻辑，满脑子不切实际的幻想，他曾经还遭遇到退学的命运，他就是爱因斯坦，20 世纪全世界最伟大的科学家，没有之一。

我们到底要把孩子培养成怎样的人，决定了我们怎么要求我们的孩子，怎么看待孩子的成长。 如果我们抱有功利主义的育儿观，希望我们的孩子长大后有“出息”，要求他/她从小要各方面能力出众，不允许孩子小时候表现“平庸”，那么我们就会要求孩子早早地学这学那，把他/她的时间安排得满满的，不允许孩子慢慢来，会更多地关注孩子能力的发展而忽略孩子情感、人格等方面的培养。 有许多孩子小时候看着各方面发展得很快很好，长大了却“残”了，原因就是最终决定一个人成长和发展的最重要的是他/她的人格和品行，而不是能力。而且随着年龄渐长，孩子的人格、品行都会影响孩子能力的发展，如一个人的动机、意志品质、抗挫折能力不行，会影响孩子长久的、可持续地发展。

另外，我们怎么看待孩子与我们的关系也是我们育儿观的重要体现。如果我们把孩子作为父母的一部分，孩子是我生的就要听我的，或者孩子就是来实现我未实现的梦想的，这样的家长常常把孩子的发展状况看作是自己的面子：我只能允许孩子发展得好，不能允许他/她发展得不好，如果他/她今天表现好，考试成绩好，我们作为家长特有面子；否则，我就不高兴，就要采用爱的收回、惩罚等多种方式“教育”孩子，让他/她符合我的要求。这样的育儿观会导致我们不恰当的教养行为和方式。作为家长，我们要有清醒的认识：孩子从出生的第一天起就是一个独立的个体，他/她的人生要靠他们自己来创造，家庭教育的目的永远只是为孩子创造一个良好的成长环境。家长不能代替孩子成长，更不能代替孩子过他/她的人生。

在孩子处于起跑线时就要注重习惯的培养

其实不同的能力与品质有不同的起跑线，有的要早开始，有的要迟开始，有的能力是需要从小培养的，有些是不需要过度关注，有的能力过早关注会造成其他能力的损害。什么是教育？ 教育其实是了解孩子在不同阶段的发展特点，把握孩子成长的关键期，在合适的时间里做合适的事情。

心理学里有大量的实验和研究证明，不同的能力要在不同的时间里培养，我们既不能错过孩子发展的关键期，孩子发展最迅速、可塑性最强的时期，也不能揠苗助长。 这方面，瑞士著名的发展心理学皮亚杰有大量的研究，给予我们许多启示。这里我们举几个简单的例子。 我来问大家一个问题：比如说有一个男孩叫明明，他点了一个披萨，如果服务员问要切成六块还是八块，结果明明回答说他只要六块就好了，八块吃不完，我想问大家的是大家觉得明明现在大概几岁呢？ 类似的问题还有很多，比如这里有两排扣子，如果是这样两排扣子一样排的话孩子会说一样多，但是如果有一排疏一点有一排密一点，这个时候你再去问他，孩子往往会说疏一点的那排扣子更多而密一点的那排扣子更少，那大家觉得这样回答的孩子多大？ 同样这里有两杯水你问他们一样多吗，他们说一样多，我当着孩子的面把其中一杯水倒在又细又长的管子里面，有一个阶段的孩子往往会说又细又长的管子里的水会更多一些，那么这个时候孩子是多少岁？ 要回答这些问题其实都和瑞士心理学皮亚杰的研究有关，根据他的研究这个时候孩子大概四五岁，这是因为这个年龄阶段的孩子没有形成守恒的概念，没有达到对数的守恒、量的守恒的认识。

根据皮亚杰的理论，在这个阶段我们有必要让孩子去学一些数学计算的知识吗？ 没有必要，因为计算的知识对学前的孩子来说较难真正掌握，孩子即使会给出结果也很难说是在真正的“数的认识与计算”这一角度得出来的，而这样的知识到了小学一年级孩子有了准备以后易如反掌，所以不用过早学习。而有的知识过早学习反而对孩子的发展不利，如过早识字，也会破坏孩子的想象能力，我们过早教他/她认字，对孩子的发展不但没有好处而且可能会造成损害，所以我们不主张在孩子 3 岁前教字，3—6 岁也建议孩子自然地认生活中的字而不用刻意去教。

那有什么是能够从小培养也需要从小培养的？ 有，这就是习惯！ 包括孩子的学习习惯、生活习惯等，这些良好的行为习惯要从小培养。 有一个日本的研究，说的是他们追踪了一批孩子，从孩子小学四年级一直到高三，他们的研究得出的结论是这一条习惯曲线非常的平，也就是说，孩子小学四年级到高三的习惯并没有发生大的改变。 如果我们在小学四年级前不抓住机会培养孩子的习惯的话，以后再要改变是很难的，除非我们采取专门的措施在专门的时间对孩子进行专门的培养，否则一般不会自动或很容易地改变。

习惯到底有多重要？ 我们有一个简单的动作就能让大家感受到习惯的重要和力量，大家把两只手拿出来，随便地插在一起，现在你的任务看一下你是左大拇指在上还是右大拇指在上。 你记住了之后，现在给你新的任务是双手重新交叉，现在要跟之前一遍相反，大家是不是觉得很别扭？ 因为不习惯。根据心理学的研究，人的行为绝大多数都是因为习惯所使然。

在我们生活中有大量的习惯也与我们形影相随，比如说早上起来我们马上就穿一只脚，这就是习惯，有许多习惯可能无所谓好与不好，但是有的习惯在我们生活中会有很大的影响，比如说孩子有没有阅读的习惯，爱不爱看书，比如说注意力集中不集中，比如说孩子作业拖不拖拉，这种习惯对我们孩子学习以及未来的成长都有巨大的关系。

习惯为什么会有这么巨大的作用？ 因为习惯是自动化的，已经变成了我们身上的一部分，已经固化在我们的头脑中。 人类为什么会进步？ 就是因为我们的大脑遵循一种省力模式，怎么样方便就怎么样来，因为人有偷懒的模式，所以我们人类社会会不断进步，会不断提高生活效率和工作效率。 而当行为变成自动化以后再要改变就难了，所以我们一直强调习惯的重要性，特别要让孩子养成好习惯而不是在形成了坏习惯之后再去改变他。

在孩子成长过程中要懂得孩子的发展规律

读懂孩子的基础是了解孩子的发展规律，我们只有知道这个阶段的孩子重要的任务是什么，他的表现对于他这个年龄阶段的孩子是正常的还是不正常的，在这个阶段是哪些东西必须学到的，我们才能顺应孩子的成长。

在孩子成长的不同阶段，到底有什么样的重要发展任务？这对家长明确家庭教育孩子的重点和促进孩子的成长特别重要。比如说 0 到 3 岁孩子重要的发展任务是感觉知觉能力的培养，口头语言的习得，让孩子在安全的环境里自由地探索。这里特别要指出的是，0 到 3 岁孩子有一个非常重要的发展任务，就是形成良好的依恋关系。有人说，培养孩子首先培养情感，第二培养性格，第三才培养能力，这是非常有道理的，对 0—3 岁这个阶段的孩子而言，没有比培养孩子的情感更重要的了，这时情感的培养主要是指孩子与固定的成人之间一对一的依恋关系，有了这种依恋关系，孩子就有了对这个世界的安全感。为了让家长和孩子有良好的依恋关系，0 到 3 岁我们不主张频繁地换抚养人，也特别希望家长能与孩子有更多的身体接触、语言沟通，对孩子的要求有更敏感的反应。

4 到 6 岁是孩子丰富想象力培养的时期，要在游戏中培养孩子基本的学习能力，帮助孩子养成良好的生活习惯，同时也要为入学做好准备。以入学准备为例，现在我们一直在说小学要实现零起点教学，但是零起点教学并不是零准备，为此家长要有清醒的认识。有大量的研究已经证明，幼儿的入学准备状况会决定孩子入学后的适应水平以及学习成绩，所以要为孩子的入学做好身心方面的准备。但这种准备不是大家所认为的过度学习知识，让孩子认字、学习算术、学习英语、去各种机构进行记忆力、注意力训练，而是让孩子做好人际交往的准备，能与同伴交往，有需要的时候向老师清晰地阐述自己的要求，养成良好的作息习惯，会表达自己的情绪，在日常生活和游戏中培养孩子各方面的学习能力，等等。

小学阶段可以分为过渡期、分化期和自主期，第一个阶段是幼儿园生活向小学生活的过渡，一定要让孩子适应环境，适应、了解小学的要求，喜欢与同学在一起，喜欢上学，觉得学习是一件非常有意思的事，并在学习中培养孩子的自信。同时，这一时期要特别注重养成孩子良好的生活和学习习惯，这是一、二年级特别重要的任务。这时候孩子会形成许多新的习惯，尤其良好学习习惯的养成就在这时候是关键，养成一个习惯比改变一个习惯要容易得多，我们要抓住这一时期，同时如果孩子在这一阶段还没有养成良好的习惯，在这一阶段培养还来得及。

在小学一、二年级，一定要激发学生的学习兴趣，让孩子走向渴望学习、喜欢学习、主动求知。正因为如此，在这个阶段的孩子只要他热爱学习，我们怎么样表扬都是可以的，比如说我们经常说你真棒，这样对于一个低年级的孩子也是可以的，随着孩子年龄的增长这种表扬要越来越减少，因为我们在表扬里面其实有三种的方式，我刚刚说的你真棒是个人趋向的表扬方式，是表扬这个人为主的，但其实这种表扬不够具体。还有过程趋向的表扬以及结果趋向的表扬，结果表扬是表扬做这件事的结果，你做对了多少题，没有错误，这就是结果趋向的表扬。过程趋向的表扬是你这一个小时里面一直没有做小动作，你坐在位置上认真完成了作业等，我们知道哪一种表扬更好？到了高年级之后过程、结果趋向一定比个人趋向好，尤其是过程趋向的表扬越来越重要。但在一、二年级，三种表扬方式都好，个人趋向的表扬方式也有很好的作用。

小学第二个阶段是三、四年级，这一阶段是培养孩子勤奋、坚持不服输的阶段，一定要让孩子知道勤奋努力比聪明更重要，一定要让孩子在他的学习生涯中明白努力是有价值的。另外要逐渐培养孩子的内部动机，让孩子体会到是“我要学”。同时，要帮助孩子养成良好的阅读习惯，扩大阅读量和阅读面，阅读跟家里的氛围、书的选择、孩子的阅读方式很多方面都有关，阅读对孩子的一生很重要，家长一定要注重孩子阅读习惯和阅读能力的培养。

另外，从三、四年级开始我们特别要强调孩子与他人的合作，因为到三、四中年级孩子慢慢有自己亲密的团队，这是特别重要的，很多家长不太鼓励孩子这种小团队的交往，其实家长朋友们一定要记住了，孩子在这时期找到自己的小闺蜜、亲密的发小是孩子未来建立亲密关系非常重要的基础和演练，所以要鼓励孩子有这样的一种朋友关系，有的人到成年后可能有很多很多的朋友，但是他/她还是不太会建立与人的亲密关系，这和这个过程人际交往能力的缺失有关。

第三个阶段是五、六年级，是自主期的阶段，这个阶段是孩子抽象思维能力发展的重要阶段，是孩子从形象思维到抽象思维发展的阶段。一定要让孩子能够多角度、综合性地思考问题，灵活地运用知识，所以不能让孩子明白只有一个标准答案，做题目的时候也不能只有一种思路，可以让孩子有多个角度思考问题，这样的培养对孩子未来的学习是非常有帮助的。

另外还是要加强孩子学习的内部动机，让孩子掌握更多适合自己的学习方法，比如说用思维导图去总结自己学过的知识，找到适合自己的学习方法。这一阶段还要让孩子学会明辨是非，形成基本的是非观，初步辨别不良信息，勇于承担责任，学会对自己负责，如果孩子能做到这些对未来发展是非常有利的。

在孩子叛逆时家长要做好自己

我曾经许多次问中国的家长和老师一个问题：如果让你想一个词，关于青春期，你首先想到的是哪一个词？几乎所有人都告诉我想到的第一个词就是叛逆，再问的话就是类似于迷茫这样的词，等等。但我曾去参加欧洲心理学大会，有一个研究者提到欧洲的家长说到青春期，想到的词有改变、探索、认同、朋友，等等。这是一个很大的差别，在欧洲家长里面他想到的这些词都是积极的或者最起码是中性的，而我们一讲到青春期，所提到的词大多都是负面的。可以说，怎么看待青春期成了我们育儿的分水岭。

2019 年 9 月，《三联生活周刊》做了一个封面故事是关于青春期的，题目叫“中国式青春期：我们的偏见与误读”，该期刊物一共有 50 多页讲青春期的问题，里面既有大量关于青春期的研究，也有很多孩子的成长经历，其中也有对我的专访，我觉得做得挺好、挺充分的，大家可以看一看，可以了解在青春期，孩子到底经历了些什么。

我们可以发现，孩子在青春期是会有叛逆这样的特征的。有许多家长跟我说，怎么到了青春期，孩子好像换了个人似的，原来听话懂事的孩子一下子就变了。我们只要了解了孩子所经历的青春期，了解青春期的各种变化，就会理解孩子，也才能帮助孩子顺利度过青春期。

怎么认识青春期？人一生中有两个反抗期，第一是两到四岁，第二就是青春期，第一个是孩子对自己身体的反抗，第二是孩子心理的反抗。但第一个反抗期大部分人不记得，因为那时候还太小，父母只要严厉一点一个眼神就把孩子吓回去了，但是到了青春期家长会发现自己控制不住孩子了，因为这一阶段的孩子发生了非常多的变化。

第一个变化非常明显，是孩子身高、体重迅速增加，性的发育等，孩子这一阶段身体的发展速度唯有婴儿期可以比拟。

这一阶段还有脑发育的最后一个高峰期，因为脑的发育，孩子十一二岁思维方式就从形象思维发展到抽象思维，这也是孩子最后一个认知发展的阶段。很多家长不知道抽象思维和形象思维的差别，我用最简单的例子来说，假如我们问孩子一匹马和一头牛有什么共同点？小时候会说都吃草、都有四条腿，到了五、六年级就会说他们都是哺乳动物、有发达的消化系统，关键是用概念进行思考，这就是抽象思维的结果，用概念、符号代替形象进行思考，这就是抽象思维的特点。

我们知道这个时候孩子的认知发展非常迅速，所以说起话来都是一套一套的了，这时候你不能用孩子小时候的沟通方式和他/她沟通。 有许多家长，当孩子已经长大了，他们还停留在孩子 10 岁的阶段，并没有意识到孩子的成长，孩子各方面的发展让他/她与以前很不一样了。 最近有一个电视剧叫《小欢喜》，我建议大家看一看，我个人觉得这是目前中国拍的教育题材里面相对比较好的一个电视节目。 里面的一个男孩季杨杨曾对爸爸妈妈说过一句话，他说你们脑子里我还是 10 岁的季杨杨。 他爸爸妈妈因为在他上小学的时候就离开了，在高三的时候回来，但爸爸妈妈没有充分地认识到孩子的成长。 我们要认识到，青春期孩子产生了成人感，他们希望获得与成人平等的地位以及来自成人的尊重，所以他们希望自己被认为是大人了。

另外，家长们要认识到的非常重要的一点是，他们要开始建立自我同一性。 什么叫自我同一性？ 就是青春期的孩子一定会问自己三个问题，我是谁，我在哪，我要去哪，这就是青春期孩子要做的。 青春期的孩子一定会渴望了解我是谁，寻找到自己的位置，形成一种熟悉自身的感觉。 当孩子们进入青春期后会有一段时间非常不接受自己身体的改变，然后他就会思考我是谁，刚开始孩子们一般会有一个“个人神话”的阶段：我为什么会到这个世界上来，我就是来拯救这个世界的，这个时候孩子特别崇拜个人英雄主义。 但是有的时候孩子又会觉得“我好像不是那么厉害”，在这样反反复复的过程中，孩子探索自我并进行着自我的改变，比如说有的学生改变发型，和不同类型的人交朋友，就是进行自我探索和改变的过程。

其实在青春期里面我们的孩子往往会从同一性弥散到同一性延缓再到同一性达成，但是实际上我们要特别注意的一种问题恰恰是同一性早闭。同一性早闭就是像我前面提到的朵朵这样的人，就是所谓的好孩子，我们的家长非常喜欢听话的好学生，家长喜欢、提倡的事情他们都会努力地完成，家长禁止的事情他们绝对不会去做，这些孩子有可能是同一性早闭，有的家长很自豪我的孩子从来没有精神叛逆，有可能是被你逼的，他/她会把你的追求作为自己的追求，但是这种追求不是他/她的，他/她最后如果有勇气的话会重新找寻，如果他/她连找寻的勇气都没有的话，那就可能导致孩子的心理问题。

另外，青春期的孩子非常重要的特点就是情绪变化特别的激烈，这跟他/她荷尔蒙的分泌、脑的发育有关系，青春期孩子的情绪有两个非常重要的脑部的参与，一个是杏仁核一个是前额叶，杏仁核是产生情绪、识别情绪的脑区，而控制情绪的脑区就是前额叶，杏仁核在青春期开始迅速发育，但前额叶要到青春后期发展才能完备，这种发展的不平衡导致孩子情绪的不稳定。青春期的孩子很好玩，他们真的有一条不经大脑的通道。对成人来说，我们的情绪通道是从感觉冲动到丘脑再到大脑皮层再到杏仁核，而青春期的孩子是从丘脑直接到杏仁核，这导致青春期孩子的大脑是冲动和冒险的。我研究过青春期孩子的离家出走，绝大部分都是没有预谋的，你不要跟青春期的孩子说你滚，不要回来了。前段时间有个青春期孩子跳桥，这是一个非常不幸的事件，我觉得这个跟孩子的青春期是有关系的，特别的冲动，如果我们还是用一味逼迫孩子的方法，往往会造成不良的后果。

我们要正确地看待青春期孩子的叛逆，青春期的叛逆是孩子生理成熟的结果，青春期的叛逆也是他们认知能力提高的一种表示，青春期的叛逆是他们不良情绪的发泄渠道，青春期的叛逆也是孩子自我同一性建立的产物，同时也是青春期的人际关系的重大调整。

我曾经在《中国教育报》上发表过一篇文章叫《叛逆是好的开始》，恰当的叛逆是好的，因为是孩子探索自我的表现，但对孩子的叛逆我们一定要有监控，叛逆是好的开始，但是好的开始并不意味着好的结束。我们可以做一个远远的观望者，及时了解孩子的状况，但在正常情况下不做过多干预。

叛逆对孩子的发展有利，但这不意味着家长可以对孩子的叛逆放任自流。这个阶段的孩子是最聪明的，你如果有某一点做得不好，他马上能指出来，因此，对于家长来说，最重要的是做好自己，避免跟他正面的冲突，给他成长的机会，这种言传身教，温暖的亲情一定是孩子的精神归属。可以回去录一段你跟孩子沟通的话，再听听思考怎么改进。

不要与其他孩子比较，一个孩子在作文中写道：有一种奇特的生物是别人家的孩子，感动中国十大人物之别人家的孩子。孩子非常讨厌被比较，每个孩子个性、特点不一样，有些东西就是与生俱来的，有的人出生那一刻就注定他不能上北大、清华的，但是不等于孩子未来就没有出息，找到他的价值，找到适合他的路径，是我们家长、老师和我们的孩子要共同去做的事情。

最后我想说的是，假如我们读懂了孩子，我们不会让孩子的生活变成学习—吃饭—睡觉的循环和重复，他们不是知识的容器，他们的成长历程要为未来幸福生活奠基，我相信他们具有无限的潜能，允许他们自己去探索和创造，我们会把孩子当成成长中的个体，他既是独立的个体，又在一路跌跌撞撞中成为社会的栋梁，他们有自己的成长规律和成长轨迹，未来要让他们自己走，因为世界是我们的，也是他们的，但是归根到底是他们的。

作业之痛

杨　杰

专家介绍：杨杰，独立亲子咨询师，家庭教育专家，毕业于北京师范大学，12年间专注于亲子困难家庭的一对一教育咨询工作，关注教育理论的落地生根。童年曾经是孩子王，在玩耍中形成了非凡的教育直觉。深入研读各种心理学著作，直面最棘手的教育问题。分享真实案例，风格细腻灵动。被尹建莉赞誉为“她就是为教育而生的”。积累的实践案例资料超过2 500万字，运营微信公众号“杨杰的妈妈圈”。著有《我身边的家庭教育故事》、《让孩子心悦诚服》。

大家好，我今天讲课的题目是作业之痛。大家一定很好奇，我为什么要讲这个题目？有三个理由。第一个理由，我小时候就是一个不爱写作业的小孩，从三年级到初三这么长时间，就没怎么好好写过作业，我最擅长找各种理由，比如今天肚子疼，明天家里要来客人，后天停电，大后天我弟弟把我作业本撕了……你们觉得那些小孩特别不可理喻的行为，我都能理解，因为有亲身感受。第二个理由，是因为我小时候是个孩子王，我有一个很奇葩的特点，我不擅长做家务，但是我特别擅长安排小孩做家务，我能让一群小孩20分钟之内把我们家收拾得井井有条。我不爱写作业，但是我很擅长管小孩写作业。第三个理由，我后来读了北师大的教育学院的研究生，毕业以后没多久，我就做了一对一的家庭教育咨询工作。这个工作我做了12年，近距离地接触所有的家庭教育的问题，发现在咨询当中有80%的孩子都存在写作业的问题。可以说它是家庭教育当中一个巨大的痛点。有多痛呢？你们看看网上的段子，什么不写作业，母慈子孝；一写作业，鸡飞狗跳。不是陪孩子写作业心梗了，就是跟孩子拍桌子，把手拍骨折了，这样看，当家长还真是一个高危职业啊。

家长之错

这么多年，我跟作业结下了不解之缘，从自己不写作业，到管小孩写作业，到教家长管小孩写作业，我跟大家有一个完全相反的观感，我以一个患者兼医生的视角来跟大家分享一下，写作业为什么这么难，成为家长和孩子心中之痛？今天我要讲三大点。第一点是在写作业上家长犯过哪些错？因为我是做家庭教育咨询的，平常家长会给我写日志，记录孩子一天的生活。一看日志你就发现，天哪，全中国的小孩都不爱写作业，好像经过培训一样，特别整齐划一。一说写作业，各种磨蹭就来了，拖拖拉拉不想写。好不容易开始写了，一会儿要上厕所，一会儿要喝水，一会儿要跟妈妈聊天，写的时候要么字迹潦草，要么乱七八糟，或者偷工减料，总而言之让人特别抓狂。

家长经常跟我讲的一句话是，我什么办法都用了，这个孩子就是油盐不进，等跟家长熟悉了以后，我就会跟她开玩笑说，我说其实你要是不想那么多办法，说不定还好点。她说你的意思是我把我们家孩子管坏了？我当然是跟家长开玩笑，但这话也是真的。家长在管孩子方面容易犯哪些错呢？第一点，催促讲道理。我一问家长有没有？家长说有有有，特别多，然后马上就说这事也不怪我，我也很委屈，你说他磨磨蹭蹭，我咋办？事实上，在磨磨蹭蹭上产生了太多的冤假错案。我就经常问家长，慢和磨蹭有啥区别？好多家长都说，慢就是磨蹭，磨蹭就是慢，没区别。是不是这样的呢？不是的。什么叫慢？通俗地说就是不快，说的是速度。什么叫磨蹭呢？磨蹭是慢，加上不情愿，这才叫磨蹭。因此，慢是速度，磨蹭是态度，很多家长不了解，小孩小的时候都是先慢后快的。你看小孩特别小的时候，你让他穿个鞋，天哪，你看着他愁死人，他恨不得15分钟才穿上一只鞋。你看着心里边就特别想帮他去穿鞋，为啥？就是因为他年纪小，不熟练。特别是急性子的家长，我这么多年发现，急性子的家长特别容易养出慢性子的孩子，因为看不得他慢，就老去替他。所以你看，你最开始着急，然后孩子就越来越慢，慢了怎么样？你就会催他。快点快点，几点了，赶紧麻利点。一直都催他，最后就是越催越慢，然后喜获“磨蹭小孩”一枚，你说这多悲惨。然后我们再说一下不专注。如果你们看过一些育儿书的话，你们大概会知道，经常打断小孩，是会导致小孩不专注的，我自己就深受其害，因为我是我们家族里边第一个孩子，我出生的时候大家还住在一个院子里边，现在都说小孩跟家长的比例是1：6，我小的时候1：8，所以我就像我们家的一个吉祥物，没有安安静静地一个人玩过，都是被一个大人抓过来玩一会，再被另外一个大人抓过去玩一会。所以我不爱写作业部分原因，也是小时候专注力破坏得太多了。这是我们都知道的理由，还有我们特别忽略的理由是什么呢？孩子跟我们打交道的时候，我们就唠叨他催促他，把他催烦了，但是爸妈还在念叨，那怎么办？他关闭自己的听觉系统，你就发现跟小孩说话的时候，他老当耳旁风，为啥？就不想听，不想听，就当没发生。这种情况下他就把耳朵关闭了。另外一种情况是小孩来跟大人说话，你们知道小孩话特别多，大人有的时候不耐烦，连看都不看，就把小孩给轰到一边去了，有的时候家长自己着急的时候可能还会吼小孩，小孩本来是目光炯炯的：“爸爸妈妈！”但是你不搭理他，你也不看他，结果会怎么样？他的眼神就黯淡下去了。如果偶尔一次，不会有什么问题，如果你一直都不呼应他的话，慢慢这个孩子眼睛的聚焦和追踪的能力就会变得越来越弱。0到6岁你不觉得，因为幼儿园的要求不太高，一上小学你们就发现了，小孩上课的时候眼睛和耳朵都跟不住老师，因为他眼睛不聚焦，耳朵该听的时候没有听。所以从老师的角度看，就会觉得这个小孩左顾右盼，注意力不集中。我经常接触家长，有的时候在一、二年级他们还盲目乐观，说你看老师说我们家小孩不听课，奇了怪了，你回家问他，他啥都会，还觉得小孩特聪明，为啥？因为一、二年级的知识很简单，等到三、四年级或者更高年级的时候，他的知识结构就千疮百孔的了，有一些知识点他在课堂上根本没学会，你说他能愿意写作业吗？他不会，有畏难情绪，所以这个时候就出问题了。

我发现中国的家长基本上把讲道理变成一个无往而不胜的教育方式。其实，小孩是最烦家长讲道理的。家长还会经常说，我都跟你说了，你咋就没做到呢？这事咱得讲理，我们通常都说种瓜得瓜，种豆得豆。你给孩子讲道理的结果，是让他记住这个道理。孩子记忆力都挺好的，他肯定记住了。但是我们老有一个妄念，说我春天播种一个道理，到了秋天收获一个行为，其实这中间没有必然的联系。所以家长自己没达成目标，就总是数落孩子，还特别急，我都跟你讲道理了，你什么都知道，你咋就做不到？我在咨询时遇到一个特别狠的小孩，怼他爸妈：他说给你讲道理，你就能做到吗？我找马云给你讲个道理，你能做出阿里巴巴吗？他爸妈无言以对。这小孩说的确实不错，逻辑上没毛病。这种讲道理的教育方式还有一个更深的危害是什么？是你会让孩子生活在恐惧当中，我们通常都怎么给孩子讲道理？说一个最常见的：你现在不好好学习，你长大了干啥去，没本事你就去扫大街。你讲的这些话，孩子听一遍听两遍，慢慢地就渗入到了他的潜意识里边。人的潜意识有两个特点，第一个特点，识别不出“不”字。第二个特点，图像思维，让我们来看看，“你不好好学习，将来你就扫大街去，”去掉这个“不”字，然后图像思维是什么？扫大街，所以你最后输入的是：你将来会去扫大街的。慢慢的孩子就开始没信心了，自暴自弃了。所以不要天天讲道理吓唬自家孩子。另外，我发现家长给孩子讲道理，老跑题儿。比如说这小孩字迹很潦草，你想办法让他写好了不就得了？不，给他讲道理，你现在不好好学习，不好好写字，将来你这字一到考试得扣十分八分的，你就考不上好大学，找不着好工作。我就老跟家长开玩笑说，亲，你给孩子讲个道理，你都讲出 20 年去了，你们家孩子能专注吗？对吧？所以不要给小孩讲道理。

第二点，是贴身侵犯。这个词是我自己总结的，心理学书上没有。什么叫贴身侵犯呢？我来模仿一下你们就知道了。我估计在座家长的小孩可能都不太大，我想你们最关心的就是学习习惯的培养。好多家长很重视这事，小孩上一年级了，一定要培养他写作业的习惯。小孩一放学，赶紧休息一下，快点，吃点水果，上个厕所，快点，20 分钟时间到了，开始写作业了，来来来，把书包找出来，几项作业给妈妈说说，来排一下顺序。好，先做语文，对，先做写的。对，好好写，眼神往哪看呢？字要横平竖直。别乱动，别抠橡皮，说你呢？想啥呢？好好思考一下。你上课怎么听的？你们老师咋跟你说的？这个一定要认真的，你知不知道？有很多时候，家长本来不着急，但念念叨叨跟孩子说这些话的时候，不光影响孩子，还把自己也给催眠了，然后就越念叨越着急。你看孩子整个学习的过程，本来统筹安排，自我控制，做决定，所有的这些本来都是应该孩子做的，我们都替他安排了。我们扮演了一个秘书的角色，孩子成领导了，关键这领导还很不配合，老要大牌。跟他说了半天，他嗯嗯两句。把家长气得半死。如果都给他安排到这种程度的话，他的大脑还剩下什么功能了？不就是移动硬盘吗？只负责把老师教给他的知识装到脑袋里面就可以了。我们想培养孩子的自主性，但是最后把孩子当提线木偶了，我们大人卷入得太多了，把小孩的主动性碾压得渣都不剩。如果从一年级就这样的话，到高年级的时候，这个小孩肯定会不愿意写作业的。一年级他小，你还能推得动，到高年级的时候，估计你得跟他拍桌子了，对不对？所以趁着小孩小，不要往这个误区走。作业是孩子的，我们起辅助的作用，一定不要卷入得太深，要保持克制。

我经常管小孩写作业，自己有这样的经验，如果我特别烦的时候，特别不想写作业，旁边有个大人一个劲地跟我叨叨，我是什么样的感觉呢？估计只有两种可能性，一种就是生无可恋，另外一种就是原地爆炸。所以，你们就会发现小孩管多了之后，他突然火起来了，我们触碰到了小孩容忍的一个底线了。

第三点，我们常犯的错是什么呢？是发脾气。我总结了一个规律，当你管小孩写作业的时候，发脾气基本上是跟贴身侵犯无缝链接的。当你跟他说：你就不能认真点吗？接下来就特别容易去概括小孩的“罪行”。一概括，比如说孩子学习态度不好，你这个孩子怎么这样，将来可咋办？ 这样一概括，焦虑就排山倒海地到来。 我敢跟你打赌，忍不了多久，早晚会跟他发脾气的。 所以，我们就不要往这个方向走。 因为我见过太多的家长，比如说前两天有个家长还跟我讲，说他们家小孩写作业，偷偷地看 iPad，被她发现了，她就把 iPad 给收走，回她自己的房间了。 回房间后，她就开始生气，这孩子，让他写作业，答应我好好的，就偷着看 iPad。 这 iPad 怎么那么好看的？ 他学校的知识都没学会，连字都记不全。 她越想越气，然后又回去训孩子。 小孩也莫名其妙的，你把我 iPad 收走了，我好好写作业还不行吗？ 家长特生气地训孩子，孩子也特生气，我写作业你不要来打扰我了。 两个人都气得不行，互相在那吵架，啪的一下就把 iPad 给摔坏了。 然后我就问这个家长，你都回房间 20 分钟了，为什么还要给孩子返个场表演一个摔 iPad？ 摔了 iPad，他好多资料都在里边，用不了十天，你还得再给他买一个，你脾气发得比较贵啊。 你说有没有效果呢？有一点点，有一个饮鸩止渴的效果，就是家长暴怒了之后，孩子就害怕了，看着爸爸妈妈的脸色开始写作业，你大概能欣慰那么一两个小时，甚至都撑不了这么久，所以这个办法不能用。 因为你如果用了的话，后边会不断地升级。 开始你唠叨他，然后你骂他，后面就要忍不住打他了。 我还见过更严重的，家长拿针扎孩子，多吓人，家长控制不住自己的情绪了。因为他们家小孩一个小时的作业能从早晨 8 点写到晚上 12 点。你说抓狂不抓狂？ 所以这一条路绝对是一条不归路。

你跟孩子发脾气有一个终极的危害，就是破坏了亲子关系，堵死了家长和孩子沟通的渠道。一旦走到了这种程度，哪怕你这句话说得再简洁再正确再温和，孩子就是不听，因为他把心门给关上了。所以，我做家庭教育咨询的时候，首先看的是亲子关系而不是作业做了与否。如果亲子关系这条沟通的渠道堵死了的话，写作业的事儿真的就变成了顽症了。

我们总结一下刚才说的，催促讲道理是提醒我们管住自己的嘴，贴身侵犯是提醒我们管住自己的行为，发脾气是提醒我们管住自己的情绪。

枢纽之惑

很多家长会说，不就是写几个字吗？不就是一个小时的作业吗？读一读，写一写，怎么那么难呢？好多家长是真的不理解这个事儿。我们就要了解一下家庭作业到底是一个什么样的问题？我认为作业是一个枢纽性的问题，是在一个交叉点上，在感觉和能力的交叉点上。也就是说，感觉这条线和能力这条线，任何一条线上的一个重要节点出了问题，写作业就会出问题，牵涉的面太广了。我们接下来就分别从感觉和能力这两条线上，各找三个最重要的节点，跟大家讲一下。

我们先说感觉，感觉的节点包括亲子关系、内心状态和小孩对具体作业的感觉。第一点亲子关系。很多作业问题，追溯到根源是亲子关系出了问题。因为你跟他的关系出了问题，你跟他互动，你说的话都进不到孩子心里去。亲子关系的问题其实从两三岁就开始积累，到小学一年级的时候逐渐地显现出来，因为幼儿园没有那么多作业，你不觉得有问题。我来举一个我比较了解的例子。在我小侄女两三岁的时候，有一次我往家里打电话，发现我小侄女在歇斯底里地尖叫，感觉她特别愤怒。然后我就问我老妈，我说怎么啦？她说她就是要玩水，我老妈很淡定，你就感觉这个反差很大。我赶上几次之后我就跟老妈说，你把她带到北京来吧，我心里准备了N种疗愈我小侄女的方案，结果这小孩来了，直接好了，我自己也很惊讶，每天乐乐呵呵地就想跟着我出去玩。为啥？有一天早晨我找到了一点蛛丝马迹，这天我自己在阳台上写文章，我小侄女在床上玩，我老妈在搞卫生，有那么十来分钟的时间，家里特别安静，然后突然就听见我小侄女奶声奶气地说，奶奶抱抱我。但是没回音。紧接着我小侄女就提高音量，奶奶抱抱我。结果听我老妈说，这地咋这么脏，这是谁的头发？我一瞬间就晕了，这都哪跟哪，然后我就倚着门框看，我一看我老妈不光胡乱地回答人家，还背对人家，小孩张开两个小胳膊说“抱抱我”，特别期待。然后我就跟我老妈说，我说人家说要让你抱抱，抱还是不抱，给个痛快话。我老妈这回才转过来说：我扫完地抱你，就感觉我小侄女那一瞬间就安稳了。我就终于知道了，因为我老妈不回应我小侄女，所以她就会特别愤怒。一般的祖孙俩走在路上，都有说有笑的，特别温馨。她俩走在一起，会觉得特别滑稽。只见两个人都目视前方，面无表情，但是发现她们的嘴在动，然后你就觉得特别像枪战片。说的话类似台词：遭到埋伏了，你先走，我掩护，注意方向。她俩是这样互动的，时间久了就把我小侄女给传染了。我回家带我小侄女的时候，发现你跟她说话，她也目视前方跟你说话。你跟她说了好久了，慢慢地她开始用眼神呼应你了。

我自己是从事教育工作的，会用很热情很细致的方式呼应孩子。所以我一回家，我小侄女可逮着一个回应她的大人了，就一个劲地喊我，很高兴。有一次我突然回老家去学校接她了。意外地见到我她特别高兴，一路上就叽叽喳喳地跟我聊天，一个劲地说特别高兴。然后快走到家的时候，她突然跟我说，大姑你知道吗？我会写你的名字。她当时四岁。你就看着她那个眼神，她特别期待你给她一个很惊讶的回应。但是这个时候她已经太高兴了。天哪，我给她什么回应呢，这个时候你要跟他说挺棒的，不错，她肯定觉得不够。我正在迟疑的这一瞬间，这小孩已经蹲在地上，证明她会写我名字了。我就想她这样说，她肯定会写我名字。她写完了就抬起头，特别期待地看着我。我头脑里边灵光一闪，我就跟她说：吓死我了，你才四岁就会写我名字了？我四岁的时候都不会写我自己的名字。她觉得很舒坦，特别高兴就回家了。第二天我在洗碗的时候，她来找我来了。大姑大姑，你记得昨天我说什么？我跟你说，我会写你的名字，你说吓死我了，你四岁就会写我的名字了。把我说的话又重复了一遍。你看，她自己回忆得都不过瘾了，找当事人又复习了一遍，可能你们会说，天哪说作业你怎么聊上闲天了，我们拐到作业上去，你看我小侄女，我是这样呼应她的，我老妈是那样回应她的，我弟妹也就是她的妈妈也差不多是和我老妈一样呼应她的。差别是什么呢？我弟妹或者是我老妈管我小侄女写作业，所有写作业的那些毛病，什么哼哼唧唧耍赖找茬她都存在，但是只要我一回家，她写作业立刻好起来。春节期间我回家住了六天，她把寒假作业写完了80%。“十一”的时候我回家了几天，10月1日的晚上外加2日的大半天，把七天的作业全写完了。然后我弟妹就说，你回来的时候，她表情都不一样，特别饱满，眼睛都含着笑。然后，我就跟我弟妹开玩笑说，我说你雇我在家镇宅吧，反正只要我一在家她就愿意写作业。如果你家小孩磨蹭不爱写作业，你就看着他不顺眼。今天孩子回来了，说妈妈咱俩玩一会，你心里还想昨天不好好写作业，你就不愿意理他。结果你呼应他呼应得太弱，他就更不愿意写作业了，这样就形成了一个恶性循环了。所以，不要记小孩写作业的仇。而且我经常跟家长说的一句话就是，小孩就是一个状况百出的存在，他从小到大，你想不出来他今天明天后天会出什么状况，出状况是正常的，不出状况才奇怪。

第二点是孩子的内心状态。孩子的内心状态其实就是小孩的内心是烦躁的还是平静的，大家千万不要忽略了这个状态，这是爱写作业和不爱写作业的一个分水岭。只要小孩的状态一烦躁，你就不要指望他爱写作业，所以你看，你一看小孩外在的表现，你就能看出他的状态来。如果这个小孩一坐到那就哼哼唧唧，然后就不想写，像我们刚才说的，一会上厕所，一会吃东西，一会找作业本等，就说明他内心状态很烦躁。我甚至见过那种特别极端不爱写作业的小孩，他浑身痒，这个痒不是他想出来的，是真的痒。然后我们花了好长时间把作业问题解决了，他身上也不痒了。心理的烦躁最后是会反映到身体上的，所以大家一定要关注小孩的这种状态，但是你看有一些小孩就特别靠谱，他坐在那就能安安稳稳地写作业。不会的，他还找你问一问，然后刷刷就做完了。这样的小孩看着就特别舒坦。小孩为什么会有这样的区别呢？其实这个区别跟小孩的气质类型有关系。我自己小时候就属于这种比较活跃的孩子，我们通常说特别调皮的小孩，这种小孩能量比较足，但是不稳定，就容易燥，容易注意力不集中，坐不住，这种状态都会反映到小孩写作业当中来。

第三点是小孩对作业的具体感觉。不愿意写作业的小孩往往是这样的：对于写作业的感觉不好，如果他昨天前天大前天一直磨蹭，战线拖得很长，今天一说到作业，他就很难受。还有一个对人的感觉，是会附着在这个作业上面的。比如说，有的小孩特别喜欢某个老师，他就爱做这一科的作业。相反，他要不喜欢他，就不愿意做。教大家一个小技巧，比如说你要跟孩子说快点，今天有三个小时的作业，咱们抓紧一下时间，你说三个小时，他心就往下一沉。但是如果你分开跟他说，你看你这个作业，15 分钟就能写完，这个作业半个小时肯定搞定。你把作业分开说，作业量没变，但是他的感觉就不一样的了。

所以，我们跟小孩打交道的时候要注意这样的细节。

接下来我们说一下能力这条线，能力这条线我们选三个点，一个是自控力，一个是统筹安排能力，还有一个是坚持精神。有的家长说作业不重要，网上也经常有这样的文章。说实话，某一天的作业真的不重要，比如说小孩今天晚上不写作业了，你说对他考大学对他一辈子有多大的影响？估计没什么影响，但写作业背后的能力是会跟随他一辈子的，这点非常重要。

首先，说一下自控力。自控力就是孩子能掌控自己的注意力和行为。但是，为啥那么多孩子掌控不了自己的注意力和行为？其实这就说到小孩的掌控感，这与目前孩子的处境有关，好多家里边都是一对六，父母、爷爷、奶奶、姥爷、姥姥，我们生活的空间又很狭小，家长经常随口修改孩子的决定，如果一直改的话，这事就麻烦了。如果你们觉得这点不好理解，我给大家举一个例子。比如说到了元旦，单位说要举办一个盛大的元旦晚会，然后你穿着晚礼服，开心地来了。走到门口老板跟你说对不起，今天加班，元旦晚会改到明天了，你想想你什么感觉？你肯定会很失落，对不对？因为你心里边已经做好了一个感觉的预期，如果改变决定的话，就需要把这个感觉切换过来。我们被修改了一次这样的决定，心里都不舒服，但是我们随时随地地修改小孩的决定，让他自己的感觉非常混乱，他觉得对自己没有掌控感，甚至有的孩子干脆就不做决定了，反正我做决定也没用，那就听你们的安排，时间久了，他掌控自己的能力弱了，等到他学习的时候，这个问题就凸显出来了。

所以，我们要尊重孩子的决定，他才会对自己有掌控感。

第二，统筹安排的能力，说到统筹安排的能力，你发现小孩其实就那么几项作业，在我们大人看来很简单，但对于孩子，第一，排不好顺序。第二，衔接的地方老出问题，经常是做完一项作业，然后就去神游了。半个小时都不知道干啥，好像把作业这事完全给忘了。为什么会出现这样的情况呢？一个是因为小孩本来就小，小孩比较小的时候，他有一个特点，不想下一秒的事，现在想玩什么就玩什么，然后下一个瞬间再做决定。所以，小孩其实天然的是没有计划的，他没有统筹安排能力，这种能力需要在成长的过程当中不断地培养。但是，好多家长是忽略这点的。我们举一个例子，比如说你要带着这个小孩去他好朋友家，你看家长心里有计划，但是家长没有把这个计划完整地呈现给孩子，呈现出来的就是催促孩子，你快点吧，时间不早了，咱俩赶紧走，咱们不是要去豆豆家吗？快点抓紧了，你不说要给他带个礼物吗？你要记得带上。过一会又说你那本书你不是要带吗？你给他说得支离破碎的。这个小孩就不懂得你心里的计划是什么。如果是我的话，我会把小孩叫过来说：今天我们要去豆豆家，9 点出门，出门之前你说说要做哪几件事情？一般小孩可能能列出，一两件两三件，他能列举出来，然后我们给他补充完整。打个比方说，比如说我们要给豆豆带个礼物，你要带个玩具，你要带本书，要带点好吃的，还要带上水杯，然后你穿好衣服，穿好鞋子就 OK 了。好，现在你去把刚才这五样东西找过来，放在妈妈包里，这样小孩心里就有一个脉络了，他就一趟一趟地去把这些东西找来。通过这样的方式，虽然没有给他讲道理，因为有亲身体会，他反倒学得快。比如说我有一次带我小侄女玩，当时也是四岁多的时候，发现天哪家里好乱，我就把我小侄女叫到门口，我说，来咱俩看一下。你看看这一片，天哪，咱俩好能搞破坏，我说你去找一张纸，找一支笔过来好吗？她就给我找来了，我说这样，咱俩列出来，我们都要收拾什么东西？一项项列出来，我们列出来 19 项。而且我们不光光是列出来，每一项我们都商量好了，是怎么做的。比如说沙发上有一件衣服，我们讨论是要叠好，放在柜子的第几层去，这样小孩心里就有数了，然后我说咱俩你一项我一项，我们做完了，就把咱们的那项划掉，她说好勒，她就跟我一起做。你能想象吗？一个四岁的小孩。19 项家务，她做了十项，我做了九项。因为第十项是她强烈要求要做，她摆鞋子，自己蹲在那摆得像艺术品一样，特别整齐。然后她这样做了之后，就拉着家里的每一个人说，你看这个是我做的，你看这个是我做的，特别高兴。用这种办法训练了半年之后，有一天我们俩商量要榨一个混合果汁，我们要去买水果，她说你等一下，然后她去拿了一个纸条，拿一支笔，对我说：我说你写。苹果、生梨、橘子等等，列出六项来。然后捏着这小纸条就去水果店，像一个大客户一样采购去了。通过这么长时间发现她学会了这个办法了。现在我小侄女上三年级了，我发现她做事情条理很清晰，她头脑当中是有这个办法的。你看小孩如果能统筹安排的话，其实那点作业对他/她来说不在话下。

第三，我们说一下坚持精神。你看很多小孩放学的时候诚心诚意地跟爸妈说，我好好写作业，但是很多时候，这个话只管 20 分钟，20 分钟之后他就坚持不住了。你说他前面骗你吗？没有。他说的是真话，但是这个小孩他就只能坚持这么长时间，到后边他就没有力气了。我们怎么让小孩能有坚持精神？我们就要给孩子加油，不要给孩子漏油。比如我们可以帮小孩收集成就感。比如说你跟他说，你看，你十分钟就做了一页作业，你如果是带着一种很高兴很欣喜的表情跟他说，就强化了他这种感觉。等到他下一次再想到作业的时候，他更多的时候就想到了这种感觉，一点一点地你就把他那种不好的感觉给替换掉了，这样他就会比较有成就感。还有一种是小孩特别不愿意写作业，看着他实在坚持不住的时候，我们就定个小目标，比如我们跟他说再坚持五分钟，再坚持十分钟，这样慢慢地，他坚持精神就锻炼出来了。当然有的家长会跟我说，你看我们小的时候也没人管，作业也没出这么多问题，为什么呢？我们小的时候大人不怎么管我们，但是大人也没有这么多破坏。因为小的时候大人都忙，当年你未必没有磨蹭过，只是爸妈根本没看见，然后你自己慢慢地又调整回来了。

作业之道

接下来我们讲作业之道，到底应该怎么处理这个作业问题，怎么来跟孩子打交道呢？ 这就说到我其实经常问的一个问题，我经常问家长说，你说这个作业问题能不能特别快地改过来？ 家长就说不行，这个很难。 我说我可以，为什么我能做到这一点？ 事实上，不是我有绝活。 我们把写作业比喻成一辆汽车，一定是亲子关系打底的，亲子关系是土壤。 这辆汽车呢，方向盘，你要交到孩子手里，加油的事我们家长来做，我们要给孩子加满油，但是好多时候我们都做反了，我们是把孩子的油都漏光了，然后用贴身侵犯的方式把孩子的方向盘又抢过来了，孩子都被挤到了副驾驶的位置，然后你还怪他不好好写作业，对不对？ 方向盘又不在他手里，他又没油。 于是，汽车就变成马车了，这样的小孩你就经常推不动他。

所以，首先就是给孩子加满油，通过什么样的方式呢？ 通过精确地回应孩子。 我给大家举个例子，前两天有个家长跟我说，我们家小孩作业错了好多，但他不让我给他讲，说作业是他自己的事。 为啥会这样呢？ 肯定就是因为家长以前老唠叨他，而且每次边讲题边给小孩发脾气，我就问家长接下来怎么办了？ 他说我就劝他说，你这个不改怎么能行呢？ 你不改的话，你就不会，你看学会了多好，你能得高分，给孩子讲了一通的道理，但这小孩就是不买账，把作业本都藏起来了。 我跟这位家长说，我说这小孩的心门都关上了，结果你呢？ 你都不看小孩的信号，其实孩子给了我们这么强烈的信号，我们要学会往后退。 到这种情况，你再进也没用了，要退一下慢慢地缓和一下亲子关系。 一个是有几天先不管他，就让老师先给他批改。另外一个是，比如说他说不用我看，我就会说我给你讲一道题，绝对不超过五分钟。哪怕这个题我没讲完，到了五分钟我都停。小孩就觉得五分钟不错。好，你就给他讲了一道题了，讲题的时候尽量简洁一点，不要数落孩子，小孩觉得今天你态度不错，好，明天你再讲两道题吧。我们对小孩一定要有耐心。我看家长的日志经常发现，一晚上管孩子十四五次。这显然太多了，那咋办呢？先砍掉2/3，我就跟家长讨论说，就只能管孩子5次。你看你拿掉哪些地方？有时候家长觉得好艰难，每个地方都想管孩子，但一定要克制，因为你管那么多也没用，所以一定要少管，但是有效。慢慢地，你跟孩子的关系就相对比较信任了。

还有一种情况，好多家长说，你还让我给他加满油，我看着他我就生气，这个时候怎么办呢？我们对待孩子有两种期待，一种是理想目标，一种是现实目标。就像我们经常说就这么几道题，你刷刷刷刷做完了不就得了吗？这叫理想目标。在我们大人看来很简单，但是对于某个具体的小孩，他现在的能力水平，他现在的内心状态，做不到理想目标，所以你要定一个现实的目标，就是把我们家长单方面的妄念放到一边。你要拢着这个孩子，一点点地让他来把握方向盘，这个过程当中就非常需要有耐心。如果有些家里孩子还小，如果行为习惯比较好，不要卷入得太多。我举一个小例子，有一个找我咨询的家长，孩子上小学，快到复习的时候，这个妈妈就问我说，你说我要不要给他复习，我给他听写一下生字，不然这个事咋办。我说他可以自己复习，你先不要介入，试一下看他自己可不可以。结果孩子考得还不错，家长的心就放下来了。家长越不管，小孩越独立。后来这个小孩听写也不用他妈妈了，把手机拿过来自己读，读完了自己放录音听写。再后来说，妈妈，这是我的作业，你放心，我都写完了，签字你也不用签了，我替你签了。到二年级的时候，这个小男孩，会起来做早餐了，妈妈醒来发现他连妈妈的早餐都做好了，他妈妈幸福地说我可以提前退休了。

最后，方向盘怎么交给孩子？举一个例子，是我一个朋友家的孩子，超级磨蹭，有点像疯狂动物城里边的树獭，反应恨不得慢八拍。比如，全家人要外出，他妈妈喊他穿鞋，这小孩就在那看书。他妈妈做完三件事了都要走了，他还在这看书，对大人的话完全没反应。后来小孩的爸爸长期出差，他妈妈就跟我说，你能不能上我家来帮我管一下，我看看你是怎么管小孩的。我就去他家了，第一天晚上先不管，看一下他有多慢，发现小孩回家晃悠来晃悠去，他妈妈一直喊他做作业，甚至他妈妈炒菜拎着铲子就出来了。快点赶紧写作业了，就是不写，而且就像没听见一样，都九点多钟了还没动笔，然后写完作业，12 点了，他妈妈催他赶紧去洗澡去，发现小孩坐在枕头上，一手拿着一个小玩偶，一手拿本书还在那看，他妈妈最后没有办法，就只能动手拎，拎到卫生间，再从卫生间拎出来。第二天我来管了，我心里得想一个方案，这样的小孩真的很难管，而且我跟这小孩不太熟，我只见过他两三面，不像我们自家的小孩，关系很好很熟。我又要跟他建立关系，又要管着他写作业，这咋办？我大概设想了这么一个方案，第一怎么跟他搞好关系，时间实在有限，只能选择吃饭的时候，稍微延长一点吃饭的时间，这个时间跟他玩一下，闹一下，说说笑笑，这是一个时间段。还有一个我让他写 30 分钟休息 10 分钟，这 10 分钟的时间我可以跟他玩。好，我只有这么多时间，那就要提高效率了。然后就想着怎么管他，这么慢，又不催促他，又不跟他讲道理。咋办呢？我在心里设定一个节奏，走神五分钟，我就用指关节轻轻敲一下桌子，提醒一下。走神十分钟，我就喊他名字一下，提醒他回过神来。走神 15 分钟，我就比较严肃地说他两句，也仅仅是两句，高度克制。好，对于孩子我其实一般是不主张贴身监督的，但是这个小孩你不在旁边的话是不行的，你要是目不转睛地盯着他，他压力又太大了。我当时想的就是我坐在旁边看书，对他有一个监督的作用。另外，他肯定会玩各种东西。我跟他妈妈说，白天我要把他书桌都清理干净，但清理干净也耽误不了他玩，他有各种各样的小玩偶。我就跟他讲，我说你要是玩这些东西的时候，我会给你收走，休息时间再还给你。然后我坐在他旁边看书，我另外告诉他，我说我会记你作业的起始时间，为什么？要给他加油，要增加他的成就感，就要有素材，我告诉他的是这几句话，我心里的节奏当然是没有告诉他的。然后吃饭的时候我就跟他玩脑筋急转弯，嘻嘻哈哈地逗他，他很开心，然后开始写作业了，煎熬开始了，他坐在那发呆，可能有两三分钟之后才想起来他要找书，然后摸出一本数学，摸出一本地理，再摸出一本语文，也就是说他找出一本书来打开这个书，可能15分钟都过去了，你就坐在他旁边，虽然你有这个节奏，你就觉得时间像慢镜头一样慢下来了，我一边看他一边看表，四分半钟了，特别奇妙。有的时候四分半钟他就回过神来了，连敲一下桌子的机会都不留给你。你如果这样统计一下，发现小孩大部分的连续走神的时间都在五分钟以内，连续走神十分钟非常少。连续走神15分钟，就发生过一两次。但是这样频繁地走神，你就会特别煎熬。我就在那看着他。这个时候就涉及我们刚才的目标了，无论我多有办法，第一天你甭指望他快起来。所以，其实第一天他还是12点完成的作业。不一样的是什么呢？这个过程我没批评他，休息的时间跟他玩一分钟写字比赛，然后我就逗他说，看咱俩谁快，你可以写简单的字，但是我要写个难一点的字，我不欺负你，妈妈当裁判。这样写的时候他就写得挺快的。我记得一分钟他写了22个字，然后我在那说，太丢脸了，太丢脸了，居然输给一个四年级的小孩了。他就觉得很开心。其实我想他也知道我跟他逗着玩的。关键是这个过程他觉得很有意思，他就愿意这样玩。其实这个游戏还有一个好处，用这种方式告诉他，他可以写快的，他可以一分钟写22个字的。这第一天就非常艰难地过去了。第二天也没好到哪里去，就这么熬着。我估计他妈妈看着我们俩的背影，肯定觉得我们俩都石化了，小孩就一直在发呆，我就一直在看书瞄着他。这两天都这么过的。到第三天的时候开始有起色了，第三天他十点就完成作业了，我说你看你还是可以的，所以他每次渐渐地快了之后，我不是记他的起始时间吗？ 哪怕他稍微快一点点，休息的时候，我都会对他说，你看，你这个就写得特别快，慢慢地他的信心就建立起来了。 到第五天的时候，他 7 点半就完成作业了。 有史以来，第一次吃饭之前完成作业了，他妈妈就觉得特别不可思议。 他妈妈就说，为啥我又打又骂都不行，你们俩像念佛一样坐在那坐几天，为啥就坐好了？ 我来总结一下。 第一，我们把什么讲道理催促发脾气，所有的这些全都拿掉了。 第二，我不断地给他积极的感觉，比如说给他反馈他有多快，这样孩子的感受就好起来了。 第三点，我用坐在旁边监督他的方式，把他的后路堵死了。 你想他走神，他也不能自由自在地走神，他玩东西玩一个我就收一个，第一天我前面收了一堆东西。 但是并不责备他，慢慢地他就没机会走神了，这样一点一点像引流一样，把他引回到正路上来了。

我们今天整体来总结一下，错误三件套，千万别犯。 管住我们的嘴，管住我们的行为，管住我们的脾气，然后以亲子关系打底，一定要建设，这是土壤。 然后感觉这条线、能力这条线有意识地去建设，最后我们把方向盘交到孩子手里，我们每天给孩子加油，把他加到心花怒放的程度。 这个作业就不难了。

互动空间：

提问 1：我们家孩子刚开始表扬他，情况确实很好，但是好像表扬之后，他有点过度的优越感，感觉自己什么都会了，不愿意学了，我跟他说的就不愿意再听了，感觉高低起伏有点大。

杨杰：你能举个例子，你怎么夸奖他的呢？

提问 1：比如他今天数学做的卷子全对，我会表扬他，我说你很棒，上课肯定认真听了。老师跟我说他这个星期上课都很认真，但是下一个星期，他又像原来一样会有问题，然后不会做该做的作业了。

杨杰：一个是你表扬他的时候要具体，有的时候我们特别容易有企图心，某个地方我们一定用劲地表扬他一下。有时候是我们表扬的劲儿用过了，用过了小孩就嗨了，就觉得我天下第一，什么都难不住我了，他会有这种感觉。还有一个是你要关注到他高兴之后是不是放松了自己，他放松了自己的地方，我们要托举他一下。有时候他一高兴，表现好了，我们也放下心来了，没注意到这个细节。这个细节要拢一拢他。那边别太高，这边别太低。别放过他，这样慢慢拢着他来。另外一个是我们对他的期待，你夸奖他一次，管一个星期已经很不错了。小孩一般都会高低起伏，你不要指望他像打鸡血一样，每次都很好，不可能的。不要对他有这么高的期待。

提问 2：杨老师你好，我们家的情况是家有琴童，除了做作业之外，还要有弹琴的时间，那么做作业刚刚像你说的有一点点拖拉的情况，然后弹钢琴又到达了一个畏难的阶段，就是说可能半个小时的琴他弹一个小时，现在做作业加上弹琴，和睡前的半个小时的课外阅读，感觉我已经把他睡前的时间排满了。其实孩子在学校的学习状态都挺好的，但是在家里情绪慢慢开始觉得好像不太高，我已经能预感到接下来他可能在家的情绪会越来越不好，我现在开始有点焦虑。想请问一下杨老师有什么好的办法？

杨杰：练琴这个事我听好多家长说，对于小孩来说都是很难的事儿，这个事儿很枯燥。所以首先你要想好，你对他练琴有多高的要求？其实好多孩子到高年级之后就不练了，他只是普及一下。如果这样的话，你要不要对他有那么高的要求？比如说有一些地方是不是可以慢一点，是不是可以把时间压缩一下，或者比如说一个什么样的任务，差不多就可以，第一练琴这一块，我觉得你要跟老师沟通。还有一个是练琴的情绪，可能他自己是很烦躁的。他很烦躁的时候我们不要跟他对撞，你要允许他把这个情绪自己消化掉，这可能需要比较长的一段时间。可能有一段时间，你就觉得他自己内心很挣扎，我们不要参战，要稍微鼓励他一下，作业稍微监督他一下这样就好，我觉得主要要处理好这个目标。

提问3：杨老师你好，我现在的问题是孩子上初中了，跟之前的节奏完全不一样，无论是上学的时间还是作业量，或者在学校里的紧张程度，所以导致的结果就是他可能在学校里特别紧张，课堂作业特别多，回家第一件事情，就想看看课外书或者手机，每次都拖到大概9点才开始写作业到12点，所以现在我们俩从初中到现在快有两个月了，一直处于焦灼的状态，我和他约定了看手机的时间，最后不行收了回来，但是他现在还是每天晚上大概 11 点做完作业，上课很困，我不知道手机是不是要还给他，这是第一个问题。第二个问题就是我该如何做，才能改变他目前的状况？

杨杰：我大概明白了。我觉得第一，手机你都收回来了，你就暂时收着。因为理想归理想，他控制不住他自己，我们就暂时帮他控制一下。你说的这种情况，很多孩子的初中的第一个学期都在适应，除了班里的学霸，大部分孩子这个学期都是过得兵荒马乱的。所以你要允许他这么调整，其实你看你描述这个状态，他也很难受，对不对？对于初中的孩子，你要有一个更长的心理预期，而且你趁着初一一定要跟他搞好关系。

提问 3：对，我现在真的是竭尽全力在跟他搞好关系。

杨杰：你要跟他搞好关系，因为他初中之后，他会面临学业人际关系，甚至方方面面，慢慢地还有情感问题，他有各种各样的问题，就是有时候他觉得他内心都要爆炸了，所以你是他的一个通道，他能跟你聊天，你一定要守住这个通道，守住这个通道让他调整，比如说你看目前晚上 12 点才睡觉，可能有好长一段时间都调整不过来，这个不会太快的，你一定要对他有耐心，然后他会慢慢地调整过来，在比较长的一个时间段，你要忍着，不要老给他建议。你心里把腹稿都打好了，等待合适的机会慢慢渗入，这样一点一点地把他带回来。这个节奏要放得慢一些，不像小学的孩子了。

你跟他去讨论，能不能改变一点点，打个比方说他到下午 3

点才开始写作业，我们就跟他说，你下一次就提到 2 点，无论如何你把自己当机器人，就 2 点准时坐在那，哪怕你坐在书桌前去挣扎。你就这样一点一点的，有时候他得到这种积极的信号，你推动他往前一点，他这样尝试一点，慢慢地改变自己。

教育的与时俱进

孟水莲

专家介绍：孟水莲，上海市江苏路第五小学校长。特级校长，中学高级教师，上海市巾帼建功标兵、五一劳动奖章获得者、长宁区人大代表。

关于教育问题，因为我是公办学校的老师，一直在体制内从事教育工作，所以不太有机会在这样一个场合和大家聊如何帮助孩子成长，就现在整个教育这个社会热门的话题来说，怎样的教育适合孩子，对公办教育体制内的认知，我个人认为是不够的，在认知不够的基础上，如果我在一个比较公开的场合，大家也对我们学校，对我们的老师，尤其对教师个体，如果还有异议的话，可能对我讲的一些观点认同感不高，所以一直很犹豫。不过现在社会对教育的认知越来越客观和公平了，所以鼓起勇气和大家谈一下教育。

我想分三部分谈一谈教育的与时俱进问题：第一部分，从认知层面谈谈如何家校合作；第二部分，从定位层面谈家长和老师各归其位；第三部分，从沟通层面谈谈如何艺术地交流。

家校合作

今天的孩子需要怎样的教育？我们从破题上来讲，今天的孩子是怎样的孩子？围绕着今天的孩子这个中心和主体才能谈今天的教育，作为家庭来说，我们养一个孩子不容易，如何教育他？如何陪伴他？这是一家自始至终的话题，所以孩子在家庭中的中心地位不容置疑，在我们学校，无论从课程设计还是从课堂、家校共育，都是把孩子放在主体地位，所有的一切都是为了孩子的成长，在这样一个中心和主体地位的背景下，今天的孩子肩负着各种各样的挑战——学校的培养、家庭的期望，就现在的孩子来说，很早就开始了一种被激励、被培育的被迫成长。也是因为这样的原因，现在孩子的早熟问题已经提到了议事日程上，不仅仅因为他的饮食、空气、水，而是外界给予他的刺激过多、过早。

说一个笑话，不知道听说过吗？现在的培训机构有一个叫“抬头班”，孩子生下来抬头都要送到外面的机构学一学。不要笑，这是真的，三万块钱。这样的一种挑战给予现在的孩子，所以我们今天如何认知孩子？把他要当做自然人，当做一个人来看。这个“人”是什么？他是讲规律的、讲节奏的、是有前后的，所以如果我们过于把这个“中心位置”放在孩子的面前，伤害只有是我们的孩子，过早刺激他，让他过早成长和成熟，使他的成长力下降很多。

与此同时，学校如何来凸显孩子的主体地位？它会通过学校的办学理念、培养目标、课程目标、课程板块、课程内容、实施路径以及评价，最后再返回到验证——是否适合？是否聚焦？是否有效？这就是一个学校办学机理和路径。这个过程当中，谁来设计？学校的文化、学校的历史积淀和学校的管理层，由他们来决定，不是校长一个人能决定。谁来执行相关理念？我们的老师。谁会受益？我们的孩子和我们的家庭。所以我们的教师都是执行者，他进去上课，批一堆本子，订正一些试卷。家长看到的是他这几个行为，但是这些行为背后是有原因的，只是原因不会前置在老师的行为之前，否则就是喊口号。我们的家庭教育呢？有没有图谱？有没有理念？有！有没有目标？有！有没有内容？也有！但是机理、结构一定不够，那么这些目标是什么？是希望孩子能成长为家庭的骄傲，希望他能够过上健康、体面的生活。有了这样的目标，我们一定有相应的内容和举措跟进，哪里来？学校有学校的文化、根基以及学校的管理层包括校长一起参与来设计，家里是谁？爸爸妈妈、外公外婆、爷爷奶奶，大家要一起把自己的家风、家教以及我们的期待和目标整合，通过“2 + 4”来聚焦到这个“1”。家庭教育这样一个结构和机理带来的是什么？有感觉，有想法。

就学校来说，学校教育是跟着目标走，它有具体的实施路径和常年积累下来的规范流程。学校越老，这些规范和流程积淀得越厚重，这些文化积淀能够润泽我们的孩子，这是学校教育。家庭教育，我个人建议：跟着感觉走，走一步算一步。现在家长文化程度很高，对教育普遍很关注，他们的感觉来自他们的经历、家庭文化、社会对他的影响。正因为是这样，学校教育日趋专业，不断优化，它把它的路径、机理、管理得很清楚，而家庭对孩子的期待，家长通过自己不断地教育孩子获得新的认知——这股力量也很大，这两股力量，如果把孩子拧巴在一起的话，孩子就弄得很累、很紧。这基本是目前的现状，今天我们来谈一下学校教育和家庭教育这两股力量应该如何齐心协力，成为陪伴孩子的左膀右臂，让孩子不走歪路，而且越走越宽。从这两股力量来说，孩子每周有五天近八个小时在学校，很多家长很想知道，孩子在学校学得开心吗，孩子和孩子之间有矛盾吗？会被同学欺负吗……这 **N** 个问题让我们要先来了解一下学校教育。

这是一张课程表，一至五年级从课时数和学科门类上有一点点微调。学校教育通过这张课程表展现在孩子和家长面前，虽然学校教育对家长来说可能就是一张课程表，但是通过课程表，家长们看到了一些什么？语文有几节，英文是不是天天有？再看，体育课蛮多的，这就是孩子一天的生活，老师也是通过课程表，来践行他的教育行为，孩子也是通过课程表来度过他一天的学校生活，在学校生活当中，我觉得要把这张课表看成N个我们实施教学理念的路径和载体，通过语文课、自然课、美术课……最终达到一个目标，把孩子培养成合格的、未来的社会人。也就是说，我们在用不同的方式、不同的学科做一件事。所以每一张课表，都可以折射出老师的画像，可以折射出班级的孩子，可以折射出孩子在这个场所中在做些什么。很多家长一直在问：孩子在学校开心吗？上课听吗？题目都会做吗？这些话题对8—13岁的孩子是很空洞的话题，没有画面感，他很难很具体地回答你，有时候家长就会认为他在敷衍，觉得他不开心，其实不是，是家长的问题设计得太抽象。如果家长问的问题能够比较聚焦，发现今天第二节有语文课，并且看到前两天这个时间段也有语文课，说得有画面感一点，孩子自然而然会告诉你你想知道的东西。所以认识课表、用好课表，以及正确的表达和问题设计在和孩子沟通学校生活时很重要。

一般情况下，我们老师会通过一些行为来培养孩子的规范，哪怕是一张试卷，哪怕是一次抄写。在我们学校，第一次抄写得好，第二次抄写就不用了。在备课或课堂活动、作业布置上，老师就会配合着培养孩子良好的学习兴趣和学习习惯。兴趣怎么来、习惯怎么来，兴趣、习惯有什么好处？能够培养孩子的综合素养。举个例子，有个比较好的阅读兴趣，最终养成阅读习惯。为什么有的孩子阅读成绩不好？我们应该怎样来培养他？ 培养阅读习惯最好的是在学前教育阶段，两个动作可以甄别他是否有兴趣。 第一个，这本书他能捧得上手吗？第二，捧得上手的时候，孩子在一页一页地翻看吗？ 至于是什么书？ 是字多一点的书还是画多一点的书，没有关系，是大一点的书还是小一点的书，没有关系，是厚一点的书还是薄一点的书，没有关系，但这两个动作最重要，就是捧上书，怎么捧。 孩子看书，不必要像大人一样坐在写字台前规规矩矩地看，小小孩你可以把他抱到怀里，和你有亲近感，大一点可以坐在舒适区里，盘腿坐，斜着坐，只要保持比较好的眼睛和书的距离，让孩子觉得读书是一种享受。 可能孩子从学校回来的第一件事，就是跑去他的舒适区看书，可能有些书已经被翻烂了，没关系，我们在培养他对书的亲近感，良好的阅读习惯。阅读做好了，他整个人生会受益匪浅。 但是如果家庭没有阅读氛围，或者父母本身没有阅读习惯的，是很难培养出一个爱阅读的孩子，这个时候不要怪东怪西，父母的手捧不上书去，孩子也很难捧上书去。 也不一定说不捧书，他就不能成为未来合格的社会人，也会，只是时间会长一点、累一点。

第二个习惯是运动习惯，运动不光是教他强身健体，也是为了在运动过程中建立两个情商，或者我们叫品质。 第一个是“目标感”，现在好多孩子学习比较有畏难情绪，因为没有自我清晰认知的目标感。 比如拍皮球，今天拍了三个，试试明天能拍几个，拍六个，进步了三个。 今天六个，明天说不定就能拍十六个，一着急还是只能拍六个，所以在运动过程中对自我认知进行调整，做事不要太快太急，欲速则不达，在这个过程中建立目标感，提高抗挫败感的意志力，这就是运动给我们带来的一种品质。第二个运动能得来的品质是通过运动能够增加孩子的社交范围，阅读是比较个体的行为，但运动一定是可以三五成群、两三结队，这时候孩子们在一起，可以增加他的沟通、理解等诸多能力和综合素养，在学科教育里我们会培养他的目标感，通过一起玩游戏了解如何合作，最终能成为比较好的未来的社会人。

在学校学习中还有一个话题，也就是作业。举个例子，预习作业，我们老生常谈三个问题：读读课文、查查生字、提问题，这也是在这张课表当中很多课会布置的一项作业，在作业背后，我们能看到什么？读课文、查生字、提问题，孩子们有的会比较认真地做，他会认真地读课文、查生字、想问题，有一些孩子会比较马虎地读课文、查生字、想问题，还有一些不会去读课文、查生字、想问题，这样作业三种结论体现一个孩子的学习品质，他本身对这个学科和对这项作业的期待不是特别高，无所谓，嫌烦，都有可能，但题外损失，我们题内会补。家长不一定要很着急，慢慢、一次一次地来，因为在课堂上会有一部分孩子带着问题进课堂，没有带着问题进课堂的孩子也可能有类似问题，也会有一部分孩子会乐于朗读，不乐于朗读的孩子也会去听。也有一部分孩子会提出真问题，然后会真回答，没有问题的孩子也会跟着这一部分孩子，所以作业可能会是在课内布置、在家庭执行。执行力度的深浅影响到课堂个体的表现，但是他个体的表现在群体当中会互相影响。所以当孩子的作业，你个人觉得做得不够好或者不会做的时候，不要把这个问号画得过大，我们还有课堂，你在家里只要是做到，要告诉他，你今天这个作业完成得不够完整，读得马虎，查得不够，问题没想。当你第二天、第三天又通过这张课表，可以把问题设计得再跟进些，和孩子聊天时，聊一些孩子经历过你自己也参与过的事情，可以把作业的问题第二天回炉、复习一次，这时候积淀下来的是他对作业的认知，第二天回到课堂，他有满满的期待感、有存在感、有荣誉感，能够激发自己的兴趣，能够让自己自信的表达，甚至能够自主探究，最后形成"综合素养"。这个道理家长们藏在心里，也不要指望一堂课、一次作业的整理和提醒就能做到，而是要通过N次的强化训练。这就是通过一张课表，把上课的行为和课堂的行为在家里强化，家校两股力量能够合拍，所以话题和问题的设计很重要。

我在学校经常跟老师讲，和孩子讲话、和家长讲话切记不能张口就来，当然偶尔人也要有放松、愉悦、激动的时候，但张口就来并不是一个好的习惯，尤其对教育而言。从学校来说，我们给孩子的是干预、纠正和影响，干预他的行为、纠正他的品行、影响到他自身的和将来的三观，所以你们要选择一所学校，无论是公办还是民办，去学习学校的办学理念、办学目标，以及这所学校对照这个理念、对照这个目标践行多久了？是不是这样去做了？表述是一致的吗？这就是择校唯一的一个标准，也是理性的择校标准。

家庭通过学校教育、通过那张课表、通过上课、通过孩子每天带回来的作业，给孩子画一幅人物画像，到底这个孩子是怎样的孩子。客观的人物画像，时时刻刻像镜子一样，看着这个孩子，跟着这个感觉走，然后补短扬长。在小学阶段的补短扬长，不是两件事，是一件事，通过他的“长”来补他的“短”。数学不好的，哪门长？语文好？通过学习语文的自信和通过学习的素养和这股子劲去进行迁移，语文这么好，数学这么差应该不合理，我们至少迁移一点，这时候适度的、选择性给他补一点课，把短板补上。这个“短”是真短，不是别人考 100 分，孩子考 98 分就短了。

如果到了大学，就应该“扬长避短”。这时候再还在补短板，补不上来的，这时候还在补，补给他的是挫败感，一次次觉得自己不行，一次次没有自信，一次次落在别人后面，积淀下来的是我不行、我什么也不会，这时候的“短”就会影响到他那个“长”。所以在家庭里面，通过孩子的人物画像“扬长补短”和后面的“扬长避短”。回忆一下，我们现在都是社会人，靠什么立足社会？我的“长”，我有很多短板，大家看不到，因为我把它规避掉，我通过我的“长”服务社会，让我自己能自食其力，甚至可以丰衣足食。

各归其位

老师和妈妈是生活中对孩子影响最大的两个成年人，应该各自怎么定位？ 才更有利于孩子成长？ 我的思考是，老师是老师，妈妈是妈妈，各归其位，各理其政。

首先，对于老师，到底应该怎么定位？ 一直有句话说“老师像妈妈”，大家觉得这句话对吗？ 我个人极不倡导这句话。老师的角色和妈妈的角色不一样，老师有目标，老师有一张图谱，老师有一节一节的课要上，妈妈没有。 很多家校矛盾是因为孩子受不了老师的批评，我也不否认有时候老师的批评不恰当，伤害到了孩子，但在我们长期工作当中发现很多时候是孩子受不起，一点也受不起。

我们是成年人，什么是老师，我们搞得很清楚，什么是“爱”，我们表达得也很清楚，但小学阶段的孩子，有时候对于老师和妈妈的角色切换很难，他往往对一个老师害怕，会一直害怕，他喜欢一个老师，会一直喜欢，所以当老师用老师的角色在处理孩子问题的时候，孩子觉得“哎呀，妈妈怎么这样说？ 我真的理解不了，一点没办法”。 回家告诉真妈妈，真妈妈想，老师就应该像妈妈，但事实上，老师不是妈妈。 我们是与孩子对话，平等的个体，以老师的身份、老师的爱和老师的行为去影响、干预孩子，甚至去纠正孩子。

其次，对于妈妈，应该怎么定位？ 在家里，很多妈妈像老师，当孩子从学校回到家里的时候，从老师身边又回到了老师身边，只不过那个老师叫“老师妈妈”，这个叫“妈妈老师”。所以在不同的场合里，孩子的角色不停地在错乱，所以孩子的认知就有一点混淆，我应该怎么样？ 在学校我是学生，我的身边都是老师，学生有学生要做的事情，老师有老师应该负的责任。在家庭，我就是妈妈的宝贝，我就是妈妈的孩子，妈妈应该怎么做，妈妈有妈妈要我补短、取长和陪伴的地方，各司其职。所以古人有这么四句话："父不做媒，母不做师，喜不过生父，悲不过孝子。"

教师和家长都要到位，不越位。拼专业，家长绝对拼不过老师，但拼影响力，老师拼不过家长，各自把各自做得最好，角色定位好，有了这样的认知、角色定位，孩子的教育至少不纠结。

沟通艺术

最后说一下"桥梁"。在沟通和联动的过程中，首先是什么场合进行沟通，我们每一次去接孩子，比如学校开放日，我们可以名正言顺进入学校，进入孩子的课堂。那么我们进课堂怎么来观察学校里的孩子呢？他在家庭里的行为要出来，他在学校和老师和你沟通的点点滴滴的样子要出现，然后看孩子情况怎么样，因为这堂课可以体现以下一些方面：通过老师的教学设计，看问题怎么来问的，怎么引导孩子回答。老师在课堂上怎么评价孩子，怎么样去激励或纠正孩子，甚至是直面孩子的问题，直接就说他错了。我们给孩子一个基本的判断，德、智、体、美、劳不能均衡发展，但一定要全面。看细节、看方法、看理念、看成效，这"四看"一定要，因为这堂课是你孩子所有课堂表现最好的一堂课，如果这上面都看不到，人物画像去修一修、补一补，重新选择陪伴内容，补什么短，取什么长。老师的方法可以借鉴，但不能拷贝不走样。所以到学校看这个，不仅仅是氛围，在其他的场合看到自己的宝贝很开心，除了开心、愉悦之外，我们要静下心来看课堂上孩子的行为。

其次是怎样和老师沟通？这个话题我最没资格讲，我作为孩子家长，几乎很少跟老师沟通。我有两个不正确的认知。第一，因为我和老师沟通，自己做老师的腔调自觉不自觉地要出来，所以有点把握不住自己。第二，在我的身上我有见不得孩子不好的习惯，见不得孩子不好，听不得孩子不好，一听到、看到心里急躁。因为我们看过的孩子太多了，优秀的孩子太多了，本来不优秀后来变优秀的孩子也太多了，见不得、看不得其实就是等不起，失败不起，所以跟老师沟通，几乎都是我爱人去的。

但是，我爸爸比我做得好。我小学里面遇见过一件事，是小学二年级。小时候有种长条泡泡糖，班上有个同学带了三条到学校，被老师发现了，就被收掉了。收掉以后，放在老师的讲台上，班主任上语文课的时候发现三条泡泡糖不见了。老师就开始提问，第一个问题，谁拿的，自己站起来，老师不批评，虽然很老套，但确实是有效的能够激励孩子直面问题的方式。没有人站起来。第二个问题，谁看见了？他要上语文课，这时候一个小朋友举手了："老师我看见孟水莲下课的时候在讲台边绕了一圈。""孟水莲，站起来，你拿了吗？""没拿。"

“小朋友都看见了，你还不承认，再给你一次机会。”“没拿。”“不承认，给我站着上课。”然后老师说，现在想明白了，到底拿了吗？我说没有拿。接下来的动作就是叫家长来。这时候教育场所换到办公室，我站在办公室一角，看见老师和爸爸说，因为那时候已经很紧张了，头低着，也不是委屈，就是觉得家长来了很害怕。爸爸在那儿说，我回去好好教育，很晚了，五点多了，就回去了。在路上我跟爸爸讲了一句话，我说爸爸我没有拿。我爸爸就跟我讲了一句，我知道了。现在回想起来，从某种意义上说，他是相信老师说的话，但是在回家的路上他给予我的感觉是什么？他是相信我的。这种被信任的感觉让我顺顺利利地成长，基本和违法乱纪无缘。

怎样和老师沟通，尤其是当大家聚焦在一些事情上的时候，这件事是你打我了还是我抓你了，我拿你一块橡皮，他嘲笑我还是你嘲笑我？老师和家长都很容易要把这件事情的原因、经过讲得清清楚楚，目的是什么？要有一个结论，但是老师也好，家长也好，都不是当事人。不是当事人的两个人一定要还原真相，面临的是8—13岁的孩子，能讲得清楚吗？在这个纠缠过程中，学校、老师、家庭的矛盾就完全爆发出来了。其实有些小事情，如果我们放给孩子，孩子在学校受到了欺负，受到了冤枉，甚至受到了不公平的对待，是不是一个教育的契机和成长的动力？你看他怎么反应的。（这时候我们会想到孩子很小，他那么无辜、那么无助，我不帮他谁帮他。）他在这个学校相对比较纯净的环境都不能够来处理（除非真的是一件很大的事，这另当别论），长大了怎么面对复杂的社会生活？我们可以来听听孩子是怎样想的，怎么处理的，如何自我保护。现在校园欺凌屡见不鲜，小孩子受到欺凌都不会保护自己。为什么？之前每一次发生类似事件，家长都过度介入，甚至老师、家长用错误的判断阻碍了孩子的成长，阻碍了孩子自己解决问题的能力和成长的能力。所以怎样和孩子沟通、和老师沟通，还是要聚焦把孩子当成一个“人”，什么样的人？他是未来的社会人，只要他成为合格的社会人，他一定会成为家长的骄傲、家庭的未来。

所以在沟通的时候，第一，请保持适度的期待。老师不是万能的，但是没有老师是万万不能的。期待要适度，但同样这句话我也一直跟我们老师讲，对家长的期待也要适度。家庭教育的表现方式、呈现方式是不一样的，所以我们对彼此能起多大作用都要适当期待，这样才不会因期待过高而失望。

第二，保持有温度的距离。前几年我开会都会说：“各位家长朋友们”，这几年我把“朋友”去掉了，什么叫朋友？我可以包容你的一切，这个称谓是有层次的有意义的，不是所谓的酒肉朋友，但是如果家长和老师之间有了朋友这一层关系，除非双方的认知都很高，我就是把你当朋友看，你所有的一切我都能包容，你说可能吗？因为你们朋友的起因是“孩子”，所有的情感、情绪的关联都是这个孩子，所以如果要做朋友，和孩子做朋友可以。老师和家长之间的关系就是家校关系。你要做朋友，等孩子毕业，毕业了还能保持联系，一定是我们的一些观点、认知特别能谈得来，但这5年就是把他当老师看，保持有温度的距离。

第三，保持稳定的情绪。心理学有一句话：你的认知出了问题，要么是场所混乱、角色混乱，要么是你不知道的事情太多，甚至你不知道自己不知道什么，情绪就上来了。所以每当情绪上来，将场所、角色、自己不知道什么三个问题对号入座一下，问了这三个问题，情绪还不能稳定，你需要专业的辅导。我们的老师也是一样，老师有校长、书记在把关，家庭有配偶在把关，一定有一个人要保持一定的定力和稳定的情绪，可以对情绪不稳定者进行干预和影响，没有一件事情是过不去的。智慧的人有认知、有清晰的定位、有很好的沟通，“心桥”敞亮，人生色彩斑斓，孩子也一定能教育好。

希望在我们彼此共同努力下，今天的孩子能更好地成长，更好地适应未来的社会。记住孩子不是你个人的，是社会的。

互动空间：

提问1：家长和老师如何进行角色分工？我们如何保证学业质量？

孟水莲：第一个问题是角色如何来分工，具体的工作内容如何来分工。学校、教师通过教授学科来达成学校的目标。教科有9门课，一到两年级是8门课，三、四、五年级是9门课，通过这个载体在做，进行上课、作业、辅导，这是老师的一个痕迹，但是老师的这个痕迹最终落脚点是希望能够培养孩子学习兴趣和良好的学习习惯，为他后面的初中和高中的学习生活打好基础。

第二个问题是家长要做什么？ 第一，家长通过学校教育希望孩子成为怎样的人，家里有目标吗？ 如果没有，那全部跟着学校教育。 如果有，和学校教育做好整合，哪一些内容学校做得不够，我们做补充，比如说学校艺术熏陶不够，但我希望孩子在艺术上有修养，补充。 但这个“补充”也要看孩子愿不愿意。 第二，家庭还做什么？ 当他在学校学习成绩不够的时候，关注他的学习情绪、学习品质是否受到影响，如果受到影响，通过取“长”来补这个“短”。 所以家里要做的事情，就是先要了解孩子、理解孩子、懂这个孩子到底是怎么回事儿，结合学校补缺、补空、补长。

第三个问题是学业质量，这是牵动家长情绪的焦点，因为这和孩子升学有关，升学就和他将来就业有关，就业就跟他的生活有关，是否能健康、体面的生活。 这些问题我觉得是社会学家考虑的，如果你不是一个社会学家，不要庸人自扰，考虑得越多、考虑得越深，你的问题越多，问题越多，想不出答案就纠结，一纠结就抑郁，一抑郁就狂躁。 越是狂躁，你越想寻找答案。 答案哪里来？ 他说、他说，后面的妈妈说，上“抬头班”的宝宝的奶奶说，全都是他人之言，忘了自己的定力、忘了自己的想法。

提问 2：学校能不能协调各个任课老师家庭作业的时间，教育部有没有硬指标，比如学生课业不能超过两小时？ 我跟老师沟通过，家长认为老师的收入跟学生成绩挂钩。

孟水莲：你看家长认为，现在很多问题是由于信息不对称造成。国家有明确规定，小学一、二年级没有书面作业，三、四、五年级是有一小时的书面作业，这个标准大家要执行起来。还是那句话，冬瓜是圆的，茄子是长圆，在这一小时当中一定有正负差，有些孩子30分钟完成的，有个孩子是一个半小时，但一个小时作业用四个小时完成，不是孩子出了问题，就是学校出了问题。在我们学校，我们内部管理有个上板制，会把每周作业上板，就是为了协调。语文老师布置了作业，来了一个英文老师布置作业，英文老师上好课，数学老师来了，他不知道前面老师怎么布置的。我们有个上板制，如果时间会超，教导处会干预，所以您放心，这跟学校的管理文化有关系，管理文化和办学目标有关系，办学目标和老师的教育理念有关系，直接影响他的执行。这个系统先要学习学校文化开始，学校文化很重要。

提问3：我想问两个问题。第一，寒暑假各种班非常火，大家说“牛娃”就在这里产生，对于寒暑假的问题，您怎么建议家长如何做一些规划？第二，我们小朋友现在是大班，平时也会接触一些动画片，他看动画片之后，目前阅读内容是动画片一些配套知识，阅读习惯如何往正常的阅读上去引导？

孟水莲：第一，我是这样想的，尤其学前机构，或者小学三年级之前的机构，尽量和学校内部生态环境要接近，否则他会对学习有一个很大的偏差。因为现在机构为了能够高大上一点，学习形式和内容偏洋气，比如盘腿坐，靠着坐，外教多。但整个教学生态和正规的课堂教学生态完全不一样，孩子会认为这就是学习，孩子会认为老师是这么教的，其实不是。我们每个年级有厚厚一本大纲，老师的教学计划都是跟着大纲走的。选课外机构，你对这个机构了解清楚一些，尤其是师资来源、上课的形式，还是尽量和学校内部环境相对要匹配。

第二，看动画片，我不是特别主张，我没有大数据支撑我的想法，但我有一些案例可以证明，凡是喜欢看动画片的孩子上课思想会不太集中。他思想不集中的原因是，在他面前的老师没有丰富的色彩，在他面前的老师、上课环境和故事性没有那么强，在他面前呈现的教具几乎是不切换的，动画片画面切换得非常快，所以一直在刺激着他、吸引着他，所以上课时他可能有点小小的乏味，然后想到动画片。因为人还是需要精神依靠的，小孩子也是一样的，哪个地方让他非常愉悦和舒适，他肯定想哪个。所以，我不是特别主张看动画片，还是让他多看真人节目。关于阅读，两个动作要有，看看书能不能捧得上手吗，能够一页页翻吗，只要这两个动作都有，就不错，所以第二个问题不是大问题，就要看家长自己的甄别了。

提问 4：我的问题是，我们孩子入学以前，我们考察过很多学校，希望静待花开，让孩子慢慢成长，有一个没压力的童年，但大的环境似乎不太允许这样，每每跟其他家长交流下来以后，给我们一些信息是：他们的学校所谓“鸡血”的例子，我们在快乐教育的氛围下，怎么样跟其他孩子竞争，因为最终中考和高考是全市统一的，上海中考入学率只有50%，这就意味着有50%的孩子在中考就被淘汰了，可能就没机会接受高中教育。特别像男孩，发育晚一点，可能高中才清醒，对于家长来说也很矛盾。我想问一下，如何看待这个现象？我们身在其中，怎么解决这个问题？

孟水莲：面临这样的热门话题，我们一边在解释，一边也在调整。

第一，从作业量来说，可以来甄别学生的学业成绩，或者能达到学业比较好的主要路径，作业做得多，习题做得多，教得难，可能他竞争力就比较强一点。我是这么想的。其一，我们身处的上海，教育机会和资源比较多样，A计划不行，一定会有B计划，B计划不行，还有个“B+”计划，大家早做一点做一个这样的计划，我觉得很有必要。其二，比较聚焦孩子兴趣和习惯的学校是比较注重孩子“竞争力”的，而不是只是培养孩子的竞争感，这是有区别的，你做十张卷子，也给他感受一种气息，我要多做，让它条件反射，可以错得少一点，这是竞争感，但孩子是没有“竞争力”。在竞争力上，可能到了别的学校，他有一个学期的适应期，因为作业量大，要占用他原来可以休息玩耍的时间了，他有认知上的冲突，要作心理的调整。但到第二学期，这一类学校的孩子，理念很科学、目标很清晰，执行、落地性很强，孩子噌噌往上蹿，小学的5年，不是通过做多少试卷，而是通过多少时间，用什么样的方式完成这些卷子，量不是重要的，过程很重要。

第二，关于淘汰和选拔，最近的教育工作会议建议，有条件的区域和地区把9年义务制提高到12年义务制。这不是全国的规定，但是有一些区域如果有条件，是鼓励12年义务教育制，就像过去小升初要考试，现在只有中学毕业考和升学考，以及高中毕业考和升学考，我相信慢慢地竞争会往后推。因为在孩子没有完成具备竞争力的情况下淘汰孩子，对孩子是一种不负责，对家长是一种摧残。至于50%的概念，上海好像是52%，稍微高一点，其他的到职校或者其他地方。职校，在某种意义上，对大家来讲是不能过的坎儿，但大多数上海家长可以放轻松一点。对职校这块，我们是走9年义务制这条系列，从职校这条线，整个教育投入和教育规范程度越来越高，很多生源会随着教育政策改变而大大改良。不愿意到职校去，是因为生源问题。生源一定会大大改良，另外通过通道，通过职高还可以再转本科，现在这些通道全部都打通了。教育永远在路上，职校也有职校的机会和未来，适度焦虑可以，但为了一些目前还不知道的事情去庸人自扰，我觉得没有必要。

满满智慧慢慢爱

蓝　玫

专家介绍：蓝玫，中国教育学会家庭教育专业委员会副秘书长、新家庭教育研究院常务副院长，教育专栏作者、电台读书会特邀主持，半月谈教育发展智库专家，著有《家校之间有个娃》等系列教育专著，参与《童喜喜说写手账》《中国家庭教育蓝皮书》《新教育晨诵》《这样爱你刚刚好——我的 N 岁孩子》系列教育图书编写。

我们都是爱孩子的父母，我们给孩子营造了怎样的家庭，未来的社会就将是怎样的社会，所以今天跟大家来分享这样一个理念——满满智慧慢慢爱。

佛陀带着弟子在路上走，看到一张纸，佛陀问弟子说这是张什么纸？弟子说它是包过檀香的纸，因为上面有檀香的气味。看到一根绳子，说这条绳子捆过鱼，因为上面有鱼腥味。

佛陀就教育弟子说，你看纸和绳子本来都是干净的，可是因为它们接触到了不同的外源，所以气味就变得各不相同了。 这个故事讲的道理，和我们的家庭教育类似。 我们的孩子像一张干净的纸、一根干净的绳子一样来到了这个世界。 我们的家庭和周围的环境给了孩子什么，孩子就打上了什么样的生命底色。

不违其志

前一段时间，我去嫂子家串门，正巧她在一勺一勺地给孩子喂饭，我有些诧异，就问孩子："你已经上幼儿园了，还不会自己吃饭?"他说会。 然后一把从我嫂子的手里夺过勺子，把一碗饭吃完了。 这件事情本来应该结束了，但是就在孩子吃完一瞬间，我嫂子再把勺子夺过来，说你吃口菜，又开始喂菜给孩子吃……这样的场景在我们身边经常能看到，当成人再次拿起勺子喂孩子菜的时候，已经是一种对孩子的剥夺行为，剥夺了他们尝试的机会、成长的机会，剥夺了他们对自己的自主权。 很多父母经常抱怨孩子，说你越来越没出息了。 但很少父母会主动思考，是谁把孩子变成这样的呢? 我们给予孩子的是不是他需要的? 我们的爱是不是有智慧的? 有一句话说得好：你剪掉我的翅膀，却要我飞翔。 这真的是当下我们很多父母行为的真实写照。

曾经听朋友说起过这样一个例子，说有一个孩子考上了复旦大学，开学才一个月就跟爸爸妈妈宣称自己要退学。 爸爸妈妈一下子愣了。孩子对父母说，高中三年来，你们天天念叨的一句话就是考上“985”或“211”之类的重点大学，我考上了，已经完成了你们的任务，接下来我要离开，过自己的生活。这个孩子的话是不是在某种程度上道出了无数孩子的心声呢？我想所有父母都应当认真思考一下这个孩子的这番话。因为父母们总是喜欢以自己的想法安排孩子的生活，他们的出发点就是希望孩子少走弯路，但同时也往往会因为太过强势而导致对孩子形成了剥夺和压制，一旦当孩子长大了有足够的力量去和家长抗争的时候，亲子关系就会失衡，孩子的行为也更容易失控，这个时候家长就变得很无奈了。所以，所有违背孩子意愿的强制或者剥夺，都会为未来埋下隐患。

这个道理，在祖辈参与养育的家庭中也应该成为共识。当前很多家庭的子女教育，都是祖辈参与甚至由祖辈全部负责的。但因为祖辈对孩子更容易溺爱或者因为自身精力的原因，为了避免麻烦，也可能会选择包办孩子的事情。比如吃饭，让孩子自己去吃的话，他会搞得满身、满桌子都是，大人还要去收拾，干脆拿勺子来喂好了，所以就剥夺了孩子尝试的权利。这样的情况在我们的家庭当中也是很普遍、很常见的一种现象。孩子小时候，家长始终“罩着”他，给他营造了一个看上去非常舒适、安全的环境，但是我们真的不可能帮孩子一辈子，当他需要自己独立与周围的人和环境建立连接的时候，因为我们曾经的无心“剥夺”，导致他们根本没有足够的能力应对，这才是对孩子最大的伤害。

有的家长说，老人没有很高的文化，所以他们会对孩子进行一些错误的养育方式，这也是没办法的事情。事实上，家庭教育更重要的来源是生活，是生活的智慧，并不取决于教养者的学识。

我讲一个我奶奶的案例。我奶奶不识字，甚至十以后的加减就不会算了，但是这并没有阻碍她在我们孙辈的教育上有很多智慧的“创举”。我小时候生活在农村，那时候还是生产队，白天壮劳力负责重活，晚上妇孺和老人就聚集在谷场里干一些轻活。比如将收回来的玉米剥皮，把收割回来的谷子掐谷穗等，我奶奶就经常带着我去做这些活。但是谷场一般都在村边上，四周是黑黢黢的，孩子们很多，跑来跑去会有危险。奶奶就想了一个主意，她告诉我说，我给你垒起来一个小池子，你剥的玉米就放在这个池子里，装满了就让会计给你量一量你剥了多少，给你记工分。我真的一晚上都不乱跑，使劲剥玉米，还琢磨怎么剥得快剥得多，就盯着这个池子，看它什么时候能满。那天晚上我真的就剥了一池子的玉米，一步都没有离开奶奶给我画的一个圈。后来我的名字和我得的2分工分还被写到了红榜上，张贴在了墙上。那一幕至今留在我的脑海里，虽然只有2分工分，可能连一碗米都换不来，但那次经历却给我留下了刻骨铭心的记忆。现在想来，奶奶没有强制命令我不许乱跑，而是通过设计一个挑战任务给我设定了目标，还告诉我达成目标后可以得到的结果。她用这样的方式赋予我一份责任，给予了一个孩子极大的尊重，让我体验到了一种尊严感、价值感、成就感，让我一生很受用。

前不久网上有一个视频广为流传，说有一个学校小朋友们在运动会的时候举了一个条幅，那条横幅上写着什么？ 我要好好学习，因为好好学习，使我妈快乐，我妈快乐，全家快乐。我们看到这一幕是不是觉得很好笑？ 但是笑过之后会不会觉得有点悲哀？ 难道孩子学习真的就是为了让妈妈快乐吗？ 学习本来是每一个孩子内心的一种强烈需求，应该有一种内在力量，因为人从出生开始，就在不断学习，学习了他就成长了，成长了能力提高了，就会对这个世界有掌控感，而这种感觉带给他愉悦和满足，又会成为继续学习的动力。 但是事实上却是很多孩子并不愿意学习，或者很难做到主动学习，到底是什么剥夺了我们的孩子对学习的热情呢？ 我们也是要去反思的。

我们的老祖宗有一句话说“父慈子孝”。 我们觉得孩子不听话不孝顺，但是当我们要求孩子孝顺的时候，我们父母是不是做到了“慈”？ 慈是什么？《礼记》说，“孝子之养也，乐其心，不违其志”。 乐其心就是要让他心情是愉悦的，他是舒展的。 不违其志，就是我们能够顺应孩子成长的规律，支持孩子正当的兴趣和爱好，而不是逆着他总想改变他，就像那句话说“有一种冷叫我妈觉得我冷”，“有一种补习班叫我妈认为我应该上”一样。 我们总是用这种我们认为对的方式，把孩子牢牢地管控在自己的手里，那么这就叫“违其志”。 一个孩子如果长期是生活在一个“违其志”的环境当中，那么他就不会拥有真实的自我。 一个没有真实自我的孩子，很难建立起和他人之间稳定和谐的关系，也容易缺乏自我理性。 未来这个孩子就可能是危险的，他的人生，他的心灵是没有根基的。 所以说，尊重儿童权利才是对孩子最大的慈爱。

一起成长

父母不是成为父母就会做父母的，所以我们始终倡导父母要和孩子一起成长。 父母的成长，我认为应该从这三个方面来切入。

第一个方面就是作为父母要知道孩子身心发展规律，和孩子有情感交流。 比如说我们最近几年有专家呼吁 0 到 3 岁的孩子，母亲应该全程养育。 因为一个孩子从 0 到 3 岁是一生当中最重要的一个阶段，大脑的发育在这个阶段是最为旺盛的。 如果在这一阶段，母亲接触得多，给予他足够的安全感，那么这个孩子未来会发展得比较好。

我曾经读到过韦钰教授的一篇文章，里面列举过这样一个案例：20 世纪 70 年代，罗马尼亚执政者为了增加人口，强制要求每个家庭生孩子，一部分没有抚养能力的家庭，就把孩子送进了托育机构。 这批孩子，1 岁以下的，每 10 个到 12 个孩子配一个养育员；1 岁以上的，15 个配一个养育员。 根据科学家们的跟踪研究发现，结果这群孩子到 12 岁的时候，有些孩子脑体积小于受到正常照料的儿童，更多孩子的社会情绪能力迟缓或低下，有些还有类似孤独症的症状。 2 岁前送到合适的家庭改变养育环境的，脑发育能恢复，但是 2 岁后改变养育环境的，大脑发育恢复就很难了。

这个案例告诉我们什么？ 对孩子的养育，重要的是有精神和情感的交流和互动。 父母和孩子在家庭生活中，有语言的沟通，有眼神的交流，有父母的亲吻、拥抱，有游戏互动等，这些都会为孩子的成长打下一个很好的基础。 而孩子年龄越大，这样的东西对孩子的影响就会越来越小。 现在很多孩子为什么容易在青春期爆发问题呢？ 其实是因为青春期之前的养育过程出现了问题，青春期爆发的问题实际已经是日积月累的问题导致的结果。

作为父母，要对孩子身心发展规律了然于心，知道哪一个阶段孩子哪些表现是正常的，要学会悦纳孩子的行为并耐心等待或引导他们的成长。 作为一个母亲，我对这点也是有深切体会的。 我儿子从小在老家生活，但是在上初中的时候有一年回老家，忽然见人就不打招呼了，别人怎么喊他都不理，给人的感觉很不好。 开始的时候我也是有些不满的，甚至想批评他。但是我让自己冷静了一下，意识到这是青春期孩子的正常表现，他们不喜欢听大人的命令，不断尝试用各种方式寻找和彰显“自我”，并不停地进行各种“试探”。 所以我就没有指责他，偶尔装作不经意地说一些他小时候和这些亲人朋友之间发生过的小事。 第二年再带他回家，就完全没有这种情况了，老远就开始喊人打招呼。 所以如果我们父母不了解孩子的情况，盲目焦虑甚至胡乱作为的话，很可能因为选择了错误的方法导致两败俱伤。

第二个方面就是父母要阅读一些家庭教育理论的书籍，要学习一些先进的教育方法，把理念运用到实践当中。我知道对我们上海的家长来说，对很多有觉悟并且善于学习的年轻一代家长来说，阅读育儿书籍，学习家庭教育理论知识可能并不难，真正困惑的是正确的理念我知道，好的方法我也会，我在家里也试过了，但是没什么效果。其实这种现象往往是因为我们选择方法的时候缺乏灵活性，没有以孩子的独特性为参照，也就是有一些共性的理念运用到不同家庭的不同孩子的时候，一定要结合孩子的特点做出选择和调整。并且有很多正确的方法和做法，不是立竿见影的，而是要在我们的日常当中坚持下去才能看到效果的。如果不能有恒心坚持下去的话，收效是甚微的。

第三个方面就是良性的亲子互动。我认为亲子之间的良性互动最重要的一点是父母要和孩子创造共同的经历，比如共读一本书、共看一部电影、一起运动、一起游戏、一起旅行等。这需要父母具备三个方面的智慧：一是父母能够在孩子需要的时候及时出现，要尽到作为父母的职责，不能缺位；二是能听懂孩子内心真正的需求，而不是进行自以为是的解读；三是尽力引领孩子追寻更有意义的人生，过幸福完整的生活。

在位的智慧

有一个绘本故事叫《等一会儿聪聪》，故事讲的是小朋友聪聪想和妈妈说话，他去喊妈妈的时候，妈妈说自己正忙，让他等一会儿，他去喊爸爸，爸爸也说自己正忙，让他等一会儿。后来聪聪告诉妈妈说，花园里有怪兽要吃我，妈妈说等一会儿聪聪，我正忙着。于是聪聪就只好一个人来到花园里，跟那怪兽打招呼，想和怪兽玩耍。每次讲到这里，我都会问父母们，你们觉得怪兽会跟聪聪友好地玩耍吗？我想所有父母都希望会的，可是事实上怪兽就是怪兽，他当然不会和聪聪玩了，于是怪兽一口就把聪聪吃掉了。然后怪兽走进聪聪家，妈妈并没有发现怪兽，还以为是自己的孩子，妈妈给孩子做好饭，还准备了睡前牛奶，慈爱地嘱咐宝贝早点睡觉。这就是一个父母严重"缺位"的故事。父母根本就没有发现自己的孩子是什么时候被怪兽吃掉的，没有发现回到家里的早就已经变成了一个怪兽而不是自己的孩子了。其实这是当下很多父母真实的写照。他们总是借口很忙，疏于陪伴自己的孩子，等有一天孩子有了坏习惯交了坏朋友，甚至出了更严重的事情了父母都不知道为什么，总觉得我照顾你吃、照顾你喝，我已经给了我能给你的最好的生活了，但其实孩子真正需要的，是父母尽职尽责的用心陪伴。

还有一个《卡夫卡变虫记》的故事，也是相似。卡夫卡早晨起来发现自己变成了一只大甲虫，他不仅特别恐慌，还遇到了很多困难。但是当他试图告诉家人的时候，家人不仅没有发现他的变化，还没有人相信他的话，更压根就没有意识到他的恐惧和不安。后来还是他的好朋友第一个发现了他的变化，表示了自己的关心和关切。所以我经常提醒父母们，当孩子向成人表达需求甚至求助的时候，一旦成人没有回应，那么他们就需要去找同伴。假如孩子够幸运，找到的是像卡夫卡的朋友这样的同伴，关心他回应他，那么我们的孩子就为不良情绪找到了出口，他们不至于变坏。但是如果不幸像聪聪那样遇到的是一个“怪兽”朋友，甚至是一个不良的群体，那么我们的孩子就有可能被“吃掉”。可见父母的缺位，很容易把孩子亲手推向悲剧或是罪恶的深渊。

我们新家庭教育研究院和中国青少年研究中心以及新航道家庭教育研究院，联合进行了一项“中美日韩四国网络时代的亲子关系比较研究”，数据显示中国的父母与孩子交流的首要话题是学习，所以平时经常和父母交流的中国学生只有57.7%，这个数据在美国、日本和韩国都达到了80%左右，因为中国孩子不愿意听父母张嘴闭嘴就只说学习这件事，不喜欢父母和自己说话的时候还一边看电脑玩手机。但是还有一个非常有趣的数据，九成多的中国中小学生与父母在一起感到快乐。这说明孩子对和父母在一起是真实地有内在需求的。这些数据我觉得都可以作为我们父母的参考，去思考当下到底应该和我们的孩子说什么、怎么说。

对于声称自己忙碌的父母来说，我想说如果“不在场”也一样可以“在位”。因为我们可以借助比如说共同看一个电影共读一本书之后，通过电话或网络进行沟通，这样会在精神上、心理上和孩子在一起，和孩子构筑“共同的语言密码”。

聆听的智慧

我想跟大家讲的第二点就是我们要聆听孩子内心真实的需求，尽可能准确地回应他们的需求，这是一种尊重的智慧。我们总说我们是尊重孩子的，但是往往我们用成人的方式来解读孩子的需求，并不是真的听懂孩子的需求。

有一个绘本故事叫《彼得王子和泰迪熊》。讲的是在一个王宫里面，彼得王子要过生日了，国王每天都问王子，你想要一把银剑做礼物吗，想要一匹白马做礼物吗？如此等等。我想问在座的父母们，你们问孩子需求的时候是不是也喜欢用这种方式呢？我们真的想了解孩子要什么礼物的话，我们应该问的是你想要什么礼物呢？所以我们发现国王的问题其实已经包含了他想听到的答案。可是每次孩子都会回答说："不，国王大人，我只想要一只泰迪熊。"王后也一样，不是问"你想要一顶新的王冠吗"，就是问"你想要一个崭新的宝座吗"之类的，而孩子的回答仍然只有一句："不，王后大人，我只想要一只泰迪熊。"国王和王后的态度渐渐从惊讶、失望，变成了绝望，为什么会绝望呢？他们可能会觉得这孩子"没出息"，我们这么大一个王国，你居然只想着要一只泰迪熊。你难道不想要权力和财富吗？国王和王后不知道，孩子需要的是亲人的温暖和陪伴，而不是那些冰冷的"身外之物"，所以他们选择送给彼得王子一只泰迪熊做礼物，但是却是一只纯金打造的泰迪熊。因为在国王和王后眼里，金子是更有价值的东西。

而就是这只纯金打造的泰迪熊，主动对彼得王子说出了自己的需求——要抱抱。当彼得王子发现，拥抱可以让一只冰冷的泰迪熊变得温暖和柔软的时候，他选择了主动去拥抱自己“冰冷”的父母，并且喊了他们“爸爸妈妈”而不是“国王王后”。所以我们说家庭教育就是爱的教育、智慧的教育，跟你送多么昂贵的礼物没有关系。什么是智慧的爱？就是以孩子真正需要的方式来对他，这一点取决于我们到底有没有真正读懂孩子，是否愿意聆听他们真实的心声。

我不知道大家平时是怎么和孩子交流的，其实我也是一个犯过错误的妈妈。我记得我孩子上初中的时候，有一天回来特别兴奋地跟我讲：“妈妈我告诉你件事情。”一般情况下孩子考了好成绩就会这么兴奋，然后我就开始期待一个好消息。结果他说：“你知道吗？今天我们班的男生差点和六班的男生打起来。”这和我的心理期待落差太大了。我心想，差点打起来有什么可兴奋的？于是本能地就把这句话说出口了：“男生总是这么冲动，还好意思说。”孩子忍了忍，脸上的笑容减了不少，但他的兴奋劲还在，就继续跟我说：“没打起来。其实谁也不想打，就是都特别要面子……”我截住他说：“是，你们男生都这样。”他开始表达对我的不满：“你都还没听完就开始批评，到底要不要我好好和你说话了？”我一听，有点严重了，才赶紧忍住自己急于表达“意见”的冲动，听他说完了整件事。他说这两个班的男生因为一些小事差点打起来，但是他作为其中之一的男生，深知大家都不想打，不过是碍于面子都不想先示弱。于是他就选择了既给双方留足了面子，又不至于激化矛盾的话，成功化解了危机。他终于说完了这件事之后，认真地对我说："妈妈，以后我要和你说什么，你能不能先听完了再发表意见啊？我说一句你批我一句，以后我什么事都不和你说了。"

这件事让我印象特别深刻，我想我们在家里的时候，也都难免会上演这样的母子戏码对吧？我们总以为自己有权力有能力教育孩子，但其实很多时候我们家长真的是被孩子呵护和包容的。当父母步步紧逼的时候，可曾想过是否给孩子留下过喘息的机会？我儿子属于比较外向的，假如是一个内向的孩子，他鼓足勇气想和妈妈说一件事，刚开口就被打击了的话，也许后面的话他就都不会说出来了。当亲子之间没有交流了，更何谈质量啊，所以我们一定要警惕。我们跟孩子交流的时候，一定要有发自内心的真诚，要从语言和行为上都做到真正尊重他们，这样可以有效避免亲子冲突。

根据"中美日韩网络时代亲子关系比较研究"数据显示，中国学生与父母发生冲突的比例是中美日韩四个国家当中最高的。因为中国的父母太爱"对孩子负责"了，而负责的方式多数时候不是聆听理解包容引导，而是说教，于是孩子就越来越觉得，反正父母什么都"负责"了，我无所谓啊！他们就越来越不仅"空心"，甚至还低能了。我记得有一次一个妈妈找我咨询，说自己女儿已经上高中了，天天在家里什么都不干。我问这位妈妈孩子从小就这样吗？她回忆说不是，小时候很勤快的，但当时自己觉得她只要好好学习，其他都没关系。孩子开始还和她闹，后来拧不过自己，也就不闹了，但是从此什么都不干了，包括对学习也渐渐没了热情，我想这些现象在很多家庭里都存在，父母必须应该警醒。

幸福的智慧

父母怎么在顺应孩子成长的前提下为孩子指引一个光明的方向，不仅支持孩子“不违其志”，还能尽力帮助孩子树立远大理想，让他有更好的发展呢？我想给父母的建议是，要努力涵养孩子的大格局，要让孩子学会付出爱，懂得承担责任，这样的孩子才更容易拥有真正幸福的人生。

哈佛大学心理学博士丹尼尔·高曼和《第五项修炼》的作者彼得·圣吉合作的《未来教育新焦点》一书中指出，孩子应对每日的挑战需要拥有“专注自我，关注他人，理解世界”的能力。而在我看来，这就是中国传统文化一直讲的“修身、齐家、治国、平天下”，是新教育实验发起人朱永新老师讲的“拓展生命的长宽高”。

我还是想通过一个故事来说明这一点。有一个故事叫《活了100万次的猫》。故事讲的是一只猫活了100万次，曾经是水手的猫、老太太的猫、国王的猫……但是它虽然得到过100万份宠爱，有100万人在猫死的时候哭过，但是它自己却从来不哭，因为它一点也不开心。

直到有一次它终于活成了自己，成了一只自由的，生命属于自己的“野猫”，它才真的开心起来。所以我们一定要给孩子尊重，给他们自由的空间，让孩子首先要有自我。当然，只是满足“自我”还是不够的。

当这只猫终于活成了自己的时候，吸引了很多猫来讨好它，但是它却被一只白猫吸引了。因为它曾经活过一百万次的经历让它明白，相比那些在它面前谄媚和讨好它的猫，这只和它始终保持得体距离的矜持的白猫才更有魅力。当它们生活在一起，有了自己的小猫之后，这只活了一百万次的猫，拥有过自由的猫才真正懂得了，付出爱和为爱承担责任，才让自己的生命更有价值也更有意义了，这样的生命，活一次就足够了。所以当它和白猫相继去世，它再也没有起死回生。当下家庭教育中存在的问题是什么？就是父母剥夺了孩子通过自己的努力成为他自己，成为更好的自己的机会。我们不应该让孩子活成“父母的猫”，我们应该让他成为他自己，成为一个懂得如何发现自己、认识自己、提升自己，进而能够付出爱并有能力承担责任的人。

这种担当，当然不会止于家庭。当一个人有了强大的自我，他的能力越强，能够去爱的人就越多，所能承担的责任也就越大，他的生命价值就同步地得到了提升。就像《獾的礼物》里讲述的獾，它在寒冷的冬天离开，但是春天来临的时候，所有的动物聚集在一起怀念他，青蛙谈獾教它溜冰，鼹鼠谈獾教它剪纸，狐狸想起獾教它系领带……这样的生命才是值得被人铭记的。心理学研究发现，“得到”带给一个人的愉悦是短暂的，而“给予”带给一个人的幸福感才更长久。我相信在座的大家都曾经给予过，也对此有深刻体会。在《夏洛的网》这本书里面，夏洛说过这样一段话：“生命到底是什么啊？我们出生，我们活上一阵子，我们死去。一只蜘蛛，一生只忙着捕捉和吃苍蝇是毫无意义的，通过帮助你，也许可以提升一点我生命的价值。谁都知道人活着该做一点有意义的事情。”对我们每个人来说，包括我们的孩子，当我们的孩子认识到，“人活着该做一点有意义的事情”的时候，他的生命才更有根基，遇到任何困难才不会轻言放弃。

为什么现在孩子那么多患上了各种心理疾病，甚至严重的还选择放弃自己的生命？因为他内心缺少了价值感、意义感，不知道自己活着为了什么，也就是说“心空了”。所以父母比任何时候都更需要帮孩子懂得珍惜生命，懂得如何找到生命的镜像，生活的榜样。如果一个人内心有着坚定的信仰，无论他们遇到什么样的困难，都不会轻言放弃。比如父母可以通过帮助他们养成阅读习惯，在书中为他们找到自己的生命镜像，从读童话、读寓言、读神话传说，到读人物传记，从故事到现实，帮助孩子构建起自己的知识体系，寻找并确立人生的意义。

我还想对父母们说的就是，永远要让孩子看到多种可能，指导他们从多角度思考问题，做出负责任的选择。我小时候，父母从不吝啬给我买书让我读书，但是父亲又常常提醒我“尽信书不如无书”，以此告诉我思考的重要性；父亲为激励我好好读书，经常会说如果我不好好学习就只能种地，但是我中考结束以为自己落榜而沮丧的时候，他却又告诉我说，不管是复读还是找工作都是出路，哪怕就是回家种地，只要勤快也不会饿死人，以此鼓励我对生活始终充满信心和勇气。在我四十岁那年，忽然决定要辞职投身到教育公益事业，当时已经退休在家，本不该再为儿女担忧的父亲，仍然鼓励我说："想去就去，就算失败也没关系，这个社会饿不死人的。"正是因为有了父亲的信任和鼓励，有了他关键时刻的指点和支持，我才有机会全身心做自己喜欢的事情，并不断获得成长，体验更丰富的人生。所以我特别想告诉父母的是，孩子不是只有考高分上名校一条出路，激发他们内在的成长动力，给予他们正确的正向的引领和帮助，才是父母能给予孩子的最大的"财富"。

家庭是什么，家庭教育是什么？在我看来，家庭首先应该是一个充满爱，充满信任、理解、包容的港湾，是像这样在生活中潜移默化对孩子进行教育的场所。家庭要更重视生活，父母要和孩子一起去经历生活的种种喜怒哀乐，和孩子一起去创造更美好的生活，这本身就是教育，这一点是有别于学校的。在学校当中，老师接受过专业的指导，有课程体系，是以学业为主的。但是现在很多家庭，学校学了 1+1，回家后父母就要让孩子学习 2+2，还不问青红皂白给孩子报很多的补习班、特长班。有一次听朋友讲过一件事，说她班上有个孩子社团活动的时候躲在一边写作业，老师让他周末再写，他说不行，自己周末很忙，说妈妈给报了三个课外班，周六一整天，周日半天都占满了。老师说你还有周日下午半天呢，结果这个孩子面无表情地说了一句：“剩下的半天，我妈说了算。”这就是我们孩子生活的现状。如果时间总是这么紧张，孩子能从容生活吗？他们能舒展吗？他们有机会独立思考问题并建构自己的逻辑体系吗？这样的孩子即使长大后，也往往很难拥有真正独立的人格。

最后，我想给大家提一个“一说一听一动”的建议。在家庭当中，一定要不断地和孩子讲“故事”，讲别人的故事，讲家族的故事，讲父母和孩子的成长故事，讲你生命中经历过的成功和失败。这样做的目的就是让孩子也习惯于把他的故事讲给你听，然后建立真正的信任关系。同时也为了共同勾勒未来，书写未来的故事。在亲子互动中，父母要多倾听，不要带着情绪，更不要对孩子有偏见，真正用心聆听，听懂孩子想说的话，了解他们和他们的真实需求。要从小培养孩子运动的爱好和习惯，因为运动会让大脑越来越聪明。

把这首诗送给大家作为今天的结束：你的儿女，其实不是你的儿女，他们是生命对于自身渴望而诞生的孩子，他们借助你来到这个世界，却非因你而来，他们在你身旁却并不属于你们，你可以给予他们的是你的爱，却不是你的想法，因为他们有自己的思想。你可以庇护的是他们的身体，却不是他们的灵魂，因为他们的灵魂属于明天，属于你做梦也无法到达的明天。你可以拼尽全力变得像他们一样，却不要让他们变得和你一样，因为生命不会后退，也不在过去停留。你是弓，儿女是从你那里射出的箭，弓箭手望着未来之路上的箭吧，他用尽力气将你拉开，使他的箭射得又快又远。怀着快乐的心情，在弓箭手的手中弯曲吧，因为他爱会飞翔的箭，也爱无比稳定的弓。

所谓父子、母女一场，其实就是在他需要的时候给予他爱和温暖，给予他刚刚好的智慧，引领他朝向他自己的人生，成为一个最美丽、最明亮的美好的他自己，而不是你期待的那个自己。让我们就这样陪伴我们孩子的成长，目送他们走向他们光明的未来。谢谢大家！

互动空间：

提问 1：我是一位高二孩子的妈妈，在我心目当中，孩子非常聪明，也非常优秀，但是我一直觉得他再勤奋一点会更优秀。前段时间他问我一个问题，妈妈你觉得我为什么要学习？我说只有好好学习才能考上好大学，只有考上了好大学才能有好工作，有好工作才能有好生活。他觉得我说得太俗气，于是我又换了一种说法，我说现在你好好学习，是为了将来你走上工作岗位之后，面对不喜欢的工作或不喜欢的领导，你有选择和拒绝的勇气，他又觉得我讲得不高级，我想请教一下怎么回答这个问题比较有智慧？

蓝玫：不客气，我觉得这个妈妈的问题非常好。我想问问今天的讲座，对您启发最大的是什么？

提问 1：关注自我。

蓝玫：所以这位妈妈自己已经回答了自己提出的问题。从您孩子问的问题，足见他不仅聪明，而且很有智慧，显然他一直都在思考自己人生的目标和朝向，所以他才会问说我学习到底是为什么？ 这种时候父母往往第一反应就会是警惕和紧张，于是你就想他为什么有这样的疑问，是不是孩子觉得学烦了，等等，我们会这样预设一个可能。 而同时你也是一位了不起的妈妈，因为你很重视孩子的问题，并且会不断思考答案，不停地寻求一个更好的答案。 但实际上你有没有想过，也许孩子自己已经有答案了呢？ 所以我认为父母不妨“装傻”，把问题抛给孩子，说我想听听你觉得为什么要学习呢？ 注意这个时候父母不要把自己的答案假设给他，而是要拿出真诚的态度，拿出你真的是想要了解孩子的态度，让孩子和你进行真诚、坦诚的交流，然后你就可以听到不一样的东西，甚至是孩子对这个问题的答案了。

提问 1：谢谢老师，其实他今天就在现场。

蓝玫：在哪里？ 可以站起来。 我刚才说的你心里其实是有答案的，然后你不满意你妈妈的答案，其实是不满意她给了你一个答案，是不是这样？

男孩：是的。

蓝玫：祝福你，你一定要坚定地走自己的路，你学习就是为了实现你自己的梦想。 你还要把梦想变得更清晰，更可操作。 实现梦想肯定是一个阶段一个阶段，一个台阶一个台阶迈过去的，你不停地征服每级台阶，一定能站在舞台的中央。

提问 2：你好，我是一位中学的老师，同时也是一位孩子的家长，我想问一个问题，在和孩子产生冲突时，怎么缓解矛盾，将事情解决?

蓝玫：我觉得这个问题是我们当下很多父母面临的比较紧迫的问题。我听这位老师说的时候，我能够感觉到您的情绪控制能力还是很强的。很多父母在问这个问题的时候，问得比较急迫。

有几个原则供大家参考。第一，父母作为成年人，要先控制自己的情绪，对青春期的孩子，不要产生正面冲突，这是一个底线。不能孩子说一句，父母就回一句，自己完全没有情绪控制能力，这样只能让事情更糟糕。第二，适度的冷处理，可以先去理解你的孩子，或者说对他的情绪和行为表现表示接纳，给孩子时间自行消化自己的情绪，如果孩子脾气是比较暴躁的那种，可能就更需要冷处理了。但如果孩子性格内敛一点，父母可以告诉他自己理解他现在的情绪。你要知道孩子和家长产生冲突很大一部分是看待问题角度不同，对问题的理解不同，并不是孩子故意要跟你作对或者怎样，所以父母完全不能把自己的情绪和孩子对立起来，我觉得这是两个大的前提。第三，你要先做一个反思，孩子为什么有这种情绪？是因为自己家里发生了什么特别的事情，还是他在外面遇到什么别的事情？如果是家里的原因，作为父母要第一时间去反思自己，然后等他的情绪平静下来，和孩子像朋友那样进行平等的沟通。其实我们给孩子一点时间，他是可以想明白的，这种时候千万不要再去激怒他，激怒他就容易出事。哪怕他就是不放下这个，就是非要那样，都没关系，我们再想办法。在冲突发生的当下，父母首先要冷静要克制。孩子情绪失控还有一种可能的原因，那就是他在学校同伴之间也好，和老师之间也好，发生了什么激怒了他的事情，给他的情绪埋了一个“炸弹”，也就是他有可能今天在学校遇到不顺心的事了，但他又碍于面子不想跟你说，不想让你觉得他“没用”，等等。所以这个时候父母就要首先取得孩子的信任，让他打消顾虑，把发生的事情和他的心情都说出来。当孩子真的选择了尝试信任你的时候，你一定要珍惜这种信任，不要去指责他，不要去教训他，要无条件接纳和信任他，在他情绪平稳下来之后，再一起想解决的办法，引领他反思自身存在的问题。我记得有一次我儿子给我讲了一件事，当我试图准备去“帮助”他的时候，他说妈我不想听你给我讲什么道理，因为这件事我已经处理过了，或者说我有能力处理，我只不过就是想给你讲一讲而已，所以你听就好了。这个事提醒了我，父母首先要学会做一个看官和听众，在提出建议之前应该先征求孩子的意见，比如你只是想讲给我听，还是希望我提出我的建议呢？得到孩子允许之后再发表意见是比较好的。参考以上几点，当我们在面对和孩子的冲突的时候，应该就可以比较得体地处理了。

破译新生代

叶　斌

专家介绍：叶斌，心理学博士，中国心理学会临床心理学注册工作委员会首批注册心理师和注册督导师，华东师范大学青少年心理健康教育研究和培训中心总监，有长达30年的心理咨询、培训和教练的经验，是中国最早的EAP专家之一，主要著述有数十本，并曾为数十家报刊开设过心理专栏或撰稿，发表文章达百万字。

走进内心

大家好，我们今天的主题是理解青少年，走近青少年。我先从一个案例谈起，有一个家长想来听个讲座，就和他女儿说我下周六下午要去听讲座，你一个人在家做功课，女儿说你干嘛要去，你去了我学习成绩也不会变好的。学校让家长参加这个活动，就是想提高我们的成绩，然后妈妈就很惊讶地说，你为什么这样想，我可没这样想。女儿说真的吗？你怎么想的？妈妈说我觉得家长需要成长，听讲座可以丰富我的知识，女儿说学校就是这样想的。显然对话的结果是不欢而散。妈妈好像觉得蛮重视女儿的，女儿觉得多此一举。两人的对话最后是不了了之。

这一对母女，看上去两个人在一问一答，有来言有去语，但从心理学角度来说，你仔细看她们的说话是交叉而过的。其实各自在说各自的话，或者用另一个比方说，就是话剧的独白，看上去两个人在一个空间里说话，但是没有交织的、没有焦点的、没有碰撞的、没有接触的独白，所以我们要努力知道孩子在想什么。比如，妈妈有没有好奇，为什么孩子这么反对妈妈去听讲座？她对学校的印象是什么？是怎么形成这样的印象的？她对妈妈的印象又是什么？又是怎么形成这样的印象的？这些印象又会对孩子的心理与行为造成怎样的影响？

了解孩子想什么是试图走到他的心里去，然后双方可以更好地对话。而不是通过了解他，操纵他、控制他。所有的孩子都会很反感这一些，尤其是青春期的孩子。现在孩子越来越早熟，有些到了小学高年级已经很叛逆了，从心理学角度来说，叛逆只是孩子想拥有自己的想法，发出自己的声音，行为可以自己做主，并不见得是件不好的事情，从心智成熟的角度来说，他正走在成熟的路上。在成人看来他的很多做法还偏幼稚，但是这是一个正常成长的过程。

当我们自己很小的时候，经常傻乎乎地问家长，我是从哪里来的？ 中国家长的标准答案是垃圾桶里捡来的，最早的时候都是这样回答的，孩子满脸狐疑地问，这是真的吗？ 但现在很多孩子，已经不会傻乎乎地问我们当年的问题。 他们通过网络或绘本，很早就知道相关的知识，我们的观念也有很大的变化，这些变化最后会落实到我们怎么跟孩子互动。

这些教育理念的变化，和社会的文化、经济、科技这些演进不无关系。 所以今天先跟大家交流一下，我们的这个时代如果很宏观地来看，如果不只是盯着成绩，我们的外部环境发生了什么样的变化？ 现在甚至于展望未来，这对我们跟孩子互动有什么启发？

不同年代的人有不同的特征，比如说 60 年代人，有人说“60 后”的特征最重要的是有梦想、有理想、有激情。“60 后”的人，只要你告诉他这件事情是非常有意义的，然后成功地把他忽悠得热血沸腾，基本上他就冲出去做了。 可能做的时候甚至于都不会去问说我将取得什么样的回报，到 70 年代的人就没有那么容易被煽动了，所以要跟他去讨论是否可行，将获得怎么样的回报等，如果差距很大他就不干，他们有一个很重要的主题就是要公平。“80 后”呢，公平这是天经地义的，付出要有回报也天经地义，但很重要的一个特质，是要可以带来好的感觉，要快乐。 如果让我做事给我回报，但让我不开心，我要考虑是不是要去做。 而 90 年代的孩子经常挂在嘴里的最常见的两个单词，一个是无聊，一个是无所谓。你跟他说这件事很有趣，他很酷地白你一眼说，就这样了，不见得有什么太大的意思。然后你就说这件事很重要，他说无所谓的了。所以你跟他互动会很辛苦，因为从心理学的角度来说，你要驱动一个人做事，最重要的有两个动力，第一个动力是有趣，第二个是有意义。当你觉得这件事有趣和有意义，你就会很努力地去做。而且有趣和有意义都是发自于人的内在的，不需要额外的刺激物的。比如说有些家长要跟孩子说，你获得好成绩，我就奖励你一个东西，这是叫外部刺激。但是他如果自己觉得有趣或者有意义，这两个里面有一个，他都会在那边乐此不疲。比如说一个孩子喜欢下围棋，如果他真的喜欢下，他就可以很乐意背外人看来很枯燥的棋谱。

所以当你的孩子如果告诉你，你想他做的事情是无聊和无所谓，那就意味着他没有发自内心的动力，你就很累了，你必须要靠外部的，比如说用不停的奖励来支撑它。这个很危险，因为你有可能会断档，比如说有些孩子驱动他读书的动力是老师很喜欢他，但那个老师可能不能伴随他一路读上去。比如说一到三年级，这个老师很喜欢他，他就学得很带劲，到了四年级换了一个老师，新的老师喜欢另外一类的学生，有可能不喜欢他了以后，你会发现有些孩子成绩就急转直下。如果这个动力是发自内心的，它可以持续很久。所以当这一代人如果经常跟你讲无聊和无所谓的话，你就要很警醒。不过我也跟“90后”去聊，我说你们整天讲无聊和无所谓，你们真的是这样吗？ 他说其实也不是这样，如果真的觉得我们的生活完全是无聊和无所谓，我就去死好了，活着也没意义。 我只是觉得大人所谓的他们看重的觉得有趣的或有意义的事情，在我看来，其实很无聊很无所谓的，我有自己的判断标准。 所以 90 年代或更小的孩子，如果家长希望他身心健康地成长，你要有机会真的走进他心里，去了解他眼里有趣和有意义的东西到底是什么？ 而不是逼迫他。

他如果不认同你指的方向，他的生活很无聊和无所谓，或许就会有一些隐患和麻烦在未来发生。 现在“00 后”、“10 后”已经闪亮登场了，他们的特征是什么？ 家长们要去思考，要去观察。 很多企业人力资源管理者谈到不同年龄段的人的离职概念，“60 后”离职很少，“70 后”就要想我要不要离职，离职的原因是什么？ 要找到一个好的理由。“80 后”就很现实，收入好，收入更高我就离职。“90 后”是领导骂我，我就离职，你不要惹得我不开心，我感觉不好就离职。 新的一代越来越感性，到“95 后”更直接，不管是不是被领导骂，我感觉不爽就要离职。 有人开玩笑，“00 后”是领导不听话我就离职。 对企业来说，对新一代的管理显然跟以前不一样，老的管理方式越来越行不通了。

所以，这就是我们为什么要去了解每一代人，新的一代跟老一代到底有什么差别，我们应该怎么不一样地对待。 我经常碰到家长来咨询，说我当年也没有大人管，学习也还不错，现在的孩子为什么这么难管？ 我每次听到这样的提问，就会觉得这里面的逻辑是站不住脚的。因为你仔细回想一下，我们当年读的书，有现在的孩子这么难吗？一定要学一个乐器吗？一定要体育好吗？以前要求根本没这么高。所以这个时代完全不一样，他们承受的压力、负担和竞争也不一样。所以要忘掉当年，看看现在的孩子的世界。

当下世界

现在孩子面对的世界是什么？第一个，是新生代，也可以叫做 I 世代。I 世代有两个意思，一个意思是从 We 到 I，如果你稍微懂一些英文的话，I 就是我，我们从小的时候的教育是集体主义的，我们要跟大家一样，团体的规则是什么？你要服从，你要让自己变得跟大家是一样的，这是我们很重要的一个教育的概念。但新的一代受西方的观念的影响，越来越强调自我、个性，其实大人也在慢慢改变，也比以前更多地允许孩子有个性。所以在不知不觉当中，随着代际的变迁，就开始慢慢从强调“我们”变成强调“我”。所以现在孩子经常讲“我”怎么样，而老的一辈经常讲“我们”怎么样，即使有的时候你是讲自己的想法，也把自己藏在“我们”里，这样比较安全，代表有一群人，但现在的孩子就有勇气说“我”怎么样，“我”就是这样。I 的另一个意思是互联网（internet），现在的孩子从小就接触网，甚至于中国要比西方的一些国家更早让孩子接触网络，比方大人跟孩子一起出去吃饭，孩子很快吃完，在旁边打打闹闹，如果大人希望聊聊天，不希望孩子在吵闹，最简单的方法是什么？ 只要拿一个手机或一个 iPad 给孩子就好了，孩子立马安静，他们用手机、用 iPad 比大人用得都好。 大人可能只是发照片、发朋友圈、打电话、发微信，孩子对手机的每个功能都非常了解，那些游戏没人教过，但他都可以玩得很溜。 他们很早就开始接触互联网浩瀚的资讯，在头脑上知识储备上越来越厉害，越来越早熟。

另外，教育模式也出现了很大的改变，比如南方科技大学，招一些很另类的学生，成为一个很不一样的学校。 当时教育部没有批他们的方案，校长还是要坚持办，即使没有国家认可的毕业证书，说即使国家的体制不认可他的文凭，但是如果培养出来的学生足够好，市场认可，也不用发愁。 现在有些大学也开始陆陆续续自主招生。 这在国外是很普遍的做法。 每个学校有可能有它的教育理念和想法，不一样的文化，所以你可以根据自己的价值观、自己的偏好去选学校。

第二个，国外的一些大学开始纷纷进来，比如纽约大学，但它现在还不能独资，所以纽约大学是跟华东师范大学合作，它们的招生有可能跟国外的一样，或者是国内国外两种方法的结合。 这些学校也开始给学生带来一些另外的可能性，不是原来传统的只有一条路了。 所以，如果有些家长希望培养孩子进这些心仪的学校，他就可以有针对性地去准备，去训练，到一些招生跟国内不一样的学校去读书。 所以，这两个的出现就意味着未来学习之路的多元化变得有可能。

第三个，其实出现得更早，是可汗学院，可汗学院甚至于带来所谓的慕课（MOOCs）。可汗学院是一个孟加拉国裔的美国人，他原来是麻省理工大学的学生，超级聪明，很年轻的时候就有很高的收入，积攒了很多财富，但是他越来越觉得生活没有意义，一个偶然的机会，他的一个亲戚的孩子数学不够好，知道他是一个理工科的高手，就去问他一道数学题，他拍了一段视频去解答，拍完了以后就在网上发给他亲戚的孩子，孩子一看说叔叔你解答得太通俗易懂了，我原来觉得很难、很烦的东西被你解释得超容易，而且我觉得有信心学好了，有乐趣了。

后来这个事情其他亲戚知道了，也问他一些题目，他也同样做了同样的事情，好评如潮，所以他想也许把视频放到网上去可以帮到其他人，结果网上很多人都点赞，说太好了，你可不可以多讲一点。受到鼓励，他想既然我有这样的天赋，可以把一个很难的东西讲得很容易，我可不可以多讲一点，帮到更多的人，除了我之外，可不可以号召这个世界上又聪明又会讲的人，贡献他们的力量，把他们的教学视频放到网上去？

这个美国人在运作这件事的时候，还挺重视学习心理学的原则。他要求所有的视频都很短，一般不超过 15 分钟。他认为时间短，容易集中注意力，所以他用了很多符合学习心理的方法。到现在他的网站上已经有很多这样的视频。网站是公益性的，很多人支持他、资助他，包括巴菲特和比尔·盖茨。这件事很了不起，意味着有一帮天才在用最好的方法传授知识，意味着只要那个地方通网络、网上的视频当地人能懂或有翻译字幕，人们就可以藉此享受到很好的教育，换句话说，只要山村通上网，有人公益翻译做出字幕，那里的孩子就可以听到全球最聪明的一帮人在教他们，这样偏远地区的教学品质也能大幅提升。

受了可汗学院的启发，很多教育机构也纷纷跟进，推出各种各样的慕课，比如大家很熟悉的哈佛大学的幸福课。国内国外的很多大学都把他们学校里讲得最好的课，都放到网上去，这也是建立学校形象、体现学校实力的一个举措。所以，慢慢就又引发另外一个讨论，说如果有一天一个学生在网上把所有哈佛的相关专业课都修完，而且通过考试，是不是直接就可以拿到文凭？当然这背后还有版权的问题，还有学费的问题，因为它有知识产权，但如果有一天这些问题都被解决，就意味着我们不用正式去美国进入哈佛校园，就可能成为哈佛大学的毕业生了。等到那一天，中国学生就不必盯着高考一条路了。

新世代不用出国，通过网络就可以接受很好的教育甚至于取得文凭，这些都是新的变化。所以对家长来说，也许等你的孩子慢慢长大，就不用千军万马挤独木桥了，到时候会有很多你原来意想不到的可能性出现，因此终身学习的意愿和自主学习的能力就变得越来越重要了。网上有充分的资料，只要你是一个爱学习有好奇心的人，随时都可以学习。比如说你 60 岁想学画画，你都可以找到资料，带着你一步一步学习，所以人的学习可能性就变得很大。

现在有一种讲法是说精通某一个领域可能需要 7 年，或者说 1 万小时。那我可不可以这样想，如果每 7—10 年算一个阶段，如果我希望自己的人生过得丰富多彩，有一种活法是我每 7—10 年就学一个新东西，我的一生比如说有 80 岁，其中有 40 年是可以年富力强的，40 年我过 4 段人生，我学不一样的东西，我有 4 个不一样的兴趣，也是很有意思的事情。有人一辈子做一件事，而另一些人可能一辈子有 4 段，很多才艺，很不一样的经历，这些都变得越来越有可能。所以，它其实背后是考验你是不是一个有好奇心的人，是一个有学习力的人。

我自己做咨询的，我经常看到有些家长在孩子很小的时候就逼孩子，去追求成绩，追求知识，有的时候逼得太过分，可能孩子很小，甚至还没上小学，已经厌学了，他就觉得读书很烦，这就变得很要命。在终身学习的时代，他刚刚起步，或者甚至还没起步，就已经厌学，这对人生影响很大。怎么样保护他的好奇心，培养他的学习力就变得是我们要思考的事情。另外还有现在这个时代是一个自媒体的时代，媒体不像以前那么被垄断，或者需要有很大的经济代价才能获得发布机会。像我小的时候，当年上海最重要的媒体之一是《新民晚报》，《新民晚报》中缝登一个很小的启事就得花不少钱，但是现在网络是开放的，如果你能够吸引住足够多的粉丝，用微博、微信、抖音都可以开始你的事业。

原来是一个人必须要在一个大的机器里成为一个螺丝钉才能生存下去。毕业要找一个好工作，而且这个单位最好是大而稳固，然后在大的单位里，从最底层一级级做起来，这是原来我们这一代的玩法，但现在新的一代是单枪匹马也可以作战，他如果能够成功地把他的媒体运营好，而且媒体是瞬息万变的，现在可能是抖音，下一个 5 年是什么？ 不知道，可能还风水轮流转。 我有一个微博，后来玩微信了，大家都到微信上去了，微博一片荒凉。 我的很多熟人本来是在微博上互动的，慢慢地微博上都找不到熟人了，都在微信上。 但是很有趣，最近不知道为什么突然发现我的微博的粉丝量在增长。 我也没特别去打理，我只是有的时候在微信朋友圈发什么，就在微博上也发同样的内容，两边都差不多。 然后就突然发现数量在增加。一直纳闷为什么。

有一次我到一个企业去上一堂课，叫对话“90 后”，有一个人问一个问题说，你们现在玩什么媒体？ 然后有一个年轻人说现在玩微博，我很吃惊，我说你们又重新玩微博了吗？ 他说对，因为现在新的一代年轻人，不像我们那么喜欢在微信上互动，而且他觉得发朋友圈，屏蔽爸爸妈妈又不好，不屏蔽爸爸妈妈，爸爸妈妈整天又很烦，而且微信上有很多微商整天发广告，他也觉得很烦，所以他们重新又去玩 QQ，又去玩微博，而且增加了一些新的玩法。 原来是这样，我终于找到了粉丝增长的原因。

所以家长一定要了解这些变化，不要老讲我当年怎么样，因为你当年的玩法根本不是他们现在的玩法，甚至于你会阻碍他们本来可以发展出的新的可能性。 比如自媒体就意味着你的写作能力、你的表现力，这样一些审美的东西变得很重要，因为那些东西可以给阅读者带来好的体验，可以帮助你抓到粉丝，自媒体这个宣传的工具可以让宣传的成本降到很低。接下来还有一个是3D打印技术。3D打印技术意味着你自己可以生产，只要你如果发明一个东西，只要在电脑上做出模型来接3D打印机你可以把它制作出来。所以现在已经有3D打印，打印制造出来的汽车可以开，一些产品就可以定制。如果我是一个独立设计师，可以设计出一些东西，然后我自己又有制作能力，就变成你就一个人就可以完成全部的工作，不像以前你要制作一个东西，要找厂家开模，不仅贵，而且不可能一个人完成，但现在可以完成，而且可以小众，只要你有足够的人追随你，就可以生存，甚至于可以生存得很好。

万一你制作的东西成本比较高，还可以众筹，只要大家信任你，人家会打钱给你，甚至于可以预付。比如我现在的有些课在网上报名，甚至我都不知道他真实姓名，他可能提前半年，甚至提前一年就把参加我课程的款打给我。我觉得人跟人之间，一方面可以说有一些不信任，但在另一方面又超信任。他会有他自己的判断，他根据一些线索决定要不要相信一个人，如果相信的话，他真的愿意去冒风险。

如果你的组织越来越大，你还可以把你的工作外包出去，所以很多公司的人力资源、后勤也都外包了。甚至于未来随着人工智能，财务也可能外包，这意味着什么？只要你的孩子有想法，脑子好，利用这些线索，一个人可以做很多事，而不像以前要一大群人才能做很多事。所以除了成绩之外，有大量的事情是可以做的，而如果只是死读书成绩好，你不会玩这些，没有创造力，不一定有前途。另外，我们还要重视现在最前沿的一些科技，5G、人工智能、生物工程，等等，会带来什么？观察这些技术的演变对人的生活状况的一些冲击，一些家长经常跟孩子说，将来读大学要报哪个专业，我不知道依据是什么，是依据一些对未来的预测，还是依据过去的经验，依据过去的经验就很可能会失败。因为今天的“金饭碗”不代表未来的“金饭碗”，甚至于可能会成为“泥饭碗”。你教育孩子是希望他能有更好的生活，所以千万不要太多地跟孩子讲你当年，而是要去看看现在发生了什么，未来可能发生什么，这才是你更需要关注的事情。而未来的世界有一个很大的挑战，就是不确定性。在这种不确定性下，我要培养孩子一些什么样的特质？比如说也许自信、胆量和思维方式就变得很重要。因为知识有可能会快速更新，但是我思考和觉察力可以让人快速地作出判断。

社会往前在推进，每个时代有每个时代的特点，是家长向孩子靠拢，去了解孩子的生存环境和他的未来，还是家长逼着孩子向你靠拢，到底谁来改变谁？未来是谁的世界？你想想这个问题，其实很多东西都有答案，因为未来注定是孩子的世界。

新生一代

新的一代的孩子有哪些重要的特征？跟大家分享一下。

第一个就是 I am on line，现在的孩子叫网上的一代，始终都挂在网上，不光现在的孩子了，现在很多成人都少不了网络了，所以 WiFi 是标配，没有 WiFi、没有手机就很抓狂。第二个现在的孩子比较自我中心、个人主义。第三个叫多任务工作，这是一个很有意思的特征，像我小的时候父母有一个很重要的教育，就是当你做功课的时候不要做其他的事情比如听音乐，要专心做功课。现在的孩子会告诉你不听音乐不会做功课，听音乐会增加学习效率的，是不是这样？因为他们从小的训练就是同时做几件事。

这跟科技的进步有关，微软的视窗系统 Windows 带来第一个最大的变化就是你可以在计算机上打开不同的网页，比如说我打开第一个网页，但是网速很慢，就打开第二个网页，一直打到第五个网页的时候，第一个网页就出来了，你再回过头去看第一个网页，节省了很多等的时间。小孩子从小就开始用，它会带来一些性格上的或思维方式上的不同。一个就是现代人越来越没有耐心，因为他不用等。以前经常等，耐心也训练出来。现在这个东西慢，我就去做其他的事情，开其他的东西，等它出来再回来看，所有的时间都填得很满。第二个是你可以在办公室，比如说你一边可以挂着 QQ 跟人家聊天，一边可以放歌，一边在 word 里处理文件，就是我们经常是被训练同时做几件事的。所以现在的孩子厉害的地方，是他的注意的分配能力比以前的人好。以前的训练就是要专注，所有的 100% 的注意力都放在一件事上，现在的孩子是可以同时把注意力放在几件事上面，但现在孩子因为他可以把注意力放在几件事上面，他注意的深度就不够。所以现在的孩子就没耐心看很厚的书，阅读越来越碎片化了，很短的文章，才有兴趣看，太长的文章就略过了，看看就烦了。然后他的思维深度也有限，因为会被其他更有趣的事情干扰。所以你要问自己说，如果我希望孩子的思维专注又深入，我应该做些什么？或者反过来说孩子的特点已经是这样了，可以很好地分配注意力，分配在不同地方，我怎么样用好这个特征？以前老板可能看到员工在网上一边工作一边聊天会很生气。现在生气的人越来越少了，因为发现好像也没有多大影响。如果你径直不允许他这个那个，逼着他专注，也许导致他情绪不好，说不定还更影响工作效率。所以，很多思维方式也开始要慢慢改变。

新世代第四个特点是都不太相信权威，他们不希望被告知一些所谓的真理，一些标准答案。他们希望保留自己的想法。他们的文化是很多元的，他们允许各自不一样。另外他们是全球视野，因为通过网络，什么样的东西都可以接触到，他的知识面可以又宽又远，所以不像以前你那么容易哄他瞒他。

新世代的第五个特点叫圈内连接，以前的人因为没有网络，如果读书在一个班，最熟悉的人就是班里的同学，有你喜欢的，有你不喜欢的，你逃也没法逃，大家要在一起读三年或读六年，你就不得不训练自己，怎么跟每个人相处，但现在的孩子有地方可以逃，因为在网上他可以交朋友。在网上交的朋友，一般都是志同道合的，再奇怪的人、再孤僻的人，在网上也可以找到自己的小圈子，在小圈子里很舒服，没人骂你，或者大家抱团一起骂骂外面的人，所以现在人就会有一个带来的问题，他们很容易交到朋友，但是朋友都是自己的同类，没有被训练去跟自己不一样人的交往。所以好多企业就抱怨，现在的年轻人，如果到工作岗位要跟人家合作，会有些困难，因为他看不惯，他就很气愤，弄到后来他就说走人，而不是想办法去跟别人好好磨合、合作。

我们如果希望他跟别人有合作，从小要训练他跟自己不一样的人交往。我经常跟学生说，你跟自己的同类交往，那叫本能，跟自己不一样的人交往，才叫本事。因为物以类聚，跟一样人的交往，是不需要什么技巧的，但是跟不一样的人就需要很多技巧，比如怎么调整观念，提升沟通能力，制造影响力，冲突处理能力等，需要大量的学习。但是如果你只关注学校的成绩，学校的教育一般很少把重点放在跟人互动交往上，这方面的训练就不够。

新生代第六个特点是很有创意，爱玩。你只要给他空间，开脑洞是他们很擅长的，只要你允许他们开脑洞。他们很爱玩，搞笑，娱乐至死。快到年底了，如果你是单位要搞一个年会，或者是学校要搞一台晚会，如果你敢放给孩子搞，基本上每个节目都很搞笑。因为新的一代很讨厌严肃，你太板着脸他们就烦。即使你的道理是对的，但是你太正儿八经去讲，孩子就会反感。这对家长是很有启发的，因为往往上了年纪的家长除了板着脸不会做其他的，所以孩子就觉得跟你谈话真的是件很无聊的事情。只要一说话，家长就开始教育孩子，家长可不可以跟孩子一起讲一些段子，一起吐槽老师？家长就说这样不行的，不能讲老师，老师听到会很麻烦，家长个个都是裁判、法官和教育家，孩子就觉得很无趣，不跟你讲自己的事情。

新生代第七个特点是越来越没有耐心，而且喜欢追求参与感，做事需要有成就感。现在的老师越来越难做，只要讲得稍微没劲，底下马上就分心干别的了。现在的孩子乐于参与决策的，所以他不喜欢被命令，你告诉他一个结论，然后你要这样做，他希望跟你讨论。在这个方案里有一部分他的想法，他就比较容易去执行。但是他如果只是被告知和执行，他会觉得自己很没有价值，很没有成就感。因为他认为自己不只是一个执行者。

新生代第八个特点是特别寻求感觉，有自信。所以现在的管理者越来越难做。以前说大不了加钱，但现在不行，每个人让自己愉悦的条件是不一样的。有人拿了钱就开心，有人是要被尊重才开心。所以你要知道每个人怎么样的做法，可以让他感觉好，体验好。总体来说，新生代比以前的一代要自信，因为以前的文化训练是要谦虚，所以家长肯定少，打击多。但现在家长越来越客观地看待孩子，鼓励为主。另外现在孩子学得多，视野广，越来越自信，不过因为孩子学得多，家长要在孩子面前建立权威越来越难了。他本来就反权威，而且又超自信，然后你又没学会怎么跟他交朋友，所以基本上就是疏离。然后现在的孩子还比以前聪明，以前的孩子跟家长闹矛盾，经常跟你死磕死扛，现在的孩子知道死磕他也说服不了你，他唯一做的是你也不要说服我。所以每次跟他讲，他回你呵呵，我知道了，他也不跟你吵，关上门回自己房间去了，鬼知道他在做什么。

新生代第九个特点是对于变化持开放的态度。他们是不怕变化的，你只要想一想，我觉得自己还算年轻，但是每次换一个手机，换一个电脑，都要去问人家，新的好用不好用，容易学吗？这时，我就会发现自己老了——孩子从来不提这种问题，他们只要觉得这个手机漂亮，就换了，不会觉得有什么使用障碍。因为他们愿意接受变化和新事物，只要他们有兴趣。

基于这些特点，我们怎样调整教育目标？第一个就是培养孩子的适应能力，让他的生活多元一点。比如通过旅行，体验不同文化和生活环境，让他有更多元丰富的刺激，让他适应，比如说像国际学校就很流行 sleep over，约好一个时间几个好朋友一起住到某个同学家去，体验不同的家庭文化。我们家是这样的规矩，人家家是怎么样的规矩，去见识一下，学习跟不同的人打交道。有些人家如果是物质条件很好，对他的心理会有什么样的冲击？如果有些家庭经济状况很不好，又怎么看待？训练他们的适应能力。

第二个很重要的就是未来媒体是非常重要的一个渠道，怎么样去了解媒体，媒体会宣传，会影响你的心智，影响你的思想。怎样保持自己的独立思考，不被轻易洗脑，看得出哪些是谣言，哪些是真的，漏洞在哪里，训练自己的逻辑思维和判断力。

第三个，未来变化大，可能压力也很大，积极的思维方式就变得很重要。任何事情都有积极的一面，也有消极的一面，不能只盯着消极的一面看，有些抑郁症的人就只看到负面的信息，我们怎么样可以兼顾？既看到负面的，也看到正面的，能正向思考碰到的问题和挫折。

最后的就是你的动力系统，你的兴趣在哪里？你有没有足够的好奇心？你的目标、梦想、责任、生命意义，有些家庭的教育就太短视，就只是把它停留在成绩上，因为家长的逻辑就是好的成绩代表好的学校，好的学校代表好的高考分数，代表好的大学和好的工作，但是这是家长期待的生活。现在的孩子希望拥有自己的生活，所以要经常去问他将来的目标是什么。

据说日本小学四年级就有老师问学生将来要做什么？如果孩子说要做外交官，老师就给你一个月的时间去查资料，查一下外交官到底是做什么的，有些孩子可能是因为看了电视剧觉得外交官很威风，但是他去查完以后说这么辛苦，我不做，也可能孩子查完以后发现外交官正是我想做的。如果你不想做外交官，老师也会说，你接下来还想做什么？启发他再去思考。如果查完后告诉老师很向往，老师说好，再给你一个月时间去查，在日本，要怎样才能成为一个外交官，他又去查大学的专业分布，然后告诉老师，很可能是要在早稻田大学或庆应大学国际关系学院读书，然后要进到这样的大学，应该考到怎样级别的中学，然后到这样级别的中学，我小学大概要到什么样的成绩。所以他鼓励你看到一条路径是通向你未来的梦想。然后就说既然是这样一条路，我们要不要从现在开始做。到了中学又有老师来问你说，你现在梦想是什么？你还想做外交官吗？有些人已经改了，我们再重新探测那个路是怎么样的；没有改，好，我们继续走，你大概现在走到什么位置，所以就把他现在的所作所为跟他的未来连接在一起，他就会比较有动力，他是为自己在努力在奋斗，而不是为了别人在努力奋斗。

未来，不只是学一些知识，更要培养孩子一些品质，比如说坚持、有耐力、可以自我管理，热情、好奇、认真、诚实、乐观。哈佛大学认为，未来的人，要有批判性的思考、解决问题的能力，要能跨界学习，而且可以有领导力，能够有足够的弹性，包括创意，有开创性，很好的沟通能力、信息分析能力、好奇心跟想象力。一位有名的未来学家丹尼尔·平克认为，有三种感觉、三种能力是很重要。第一个叫设计感，他认为未来的时代设计变得很重要，从小要培养孩子艺术的审美，感性的东西以前尤其国内并没有重视，现在开始越来越重要。第二个就是娱乐感，可以带来快乐的体验，这种能力也变得很重要。第三个是意义感，觉得自己做的事是有意义的。三种能力是，第一，有讲故事的能力，因为未来的人越来越感性，通过故事的隐喻去说服别人变成一个很重要的能力。第二，跨界整合的能力，能把看似无关的东西创意交织成一个新的东西，从而打开新的局面。第三，共情力，也就是和别人产生共鸣的能力，能设身处地理解对方，处理好人际关系。

未来的老师和家长都要学习，最后我用吴冠中的一句话来结束今天的讲座。他曾经说："代沟不是以时代来划分，而是以思想来划分。"当你的思想已经停止进步的时候，你和孩子的沟通大概到了终点，思想如果足够开放，你跟孩子就不会有代沟，就会有很多的交流。

互动空间：

提问 1：叶斌老师你好，最近发生了一件很真实的事情，我外甥女读初一，有个同学因为爸爸没有同意他玩 iPad，而且他成绩还是挺不错的，当时没有表现出任何迹象，第 2 天就自缢身亡，我很怕这种事情。现在就像您刚才说的，现在社会上有很多负面的事情，家长如何去平复这种焦虑和恐慌？

叶斌：我多问你一句，你的教育目标是什么？希望孩子将来长大做什么？

提问 1：我希望孩子成为她自己，但是我现在觉得我越来越难做到这一点。

叶斌：为什么？困难在哪里？

提问 1：我的困难是我觉得我自己也在找自己，越教他越乱。

叶斌：昨天我在我的朋友圈里转了贺岭峰教授的一个视频，他被孩子的老师叫到办公室去训话，说他的孩子表现不好，老师劈头盖脸骂了一通，说数学题讲了 4 遍孩子还出错。回家后孩子发现他脸色不对，就问他，老师是不是骂你了？贺说没有，老师讲你作业认真了，成绩有进步了。孩子说老师没讲其他的吗？ 贺说没讲其他的。 贺教授讲了这件事之后向学员解释说，读书是孩子的事情，如果他被骂他情绪不好，就去骂孩子，只是自己在逃避情绪而已。 只是老师把负面情绪扔在他身上，他再扔在孩子身上。 第二他想说，他被叫去，应该是老师已经把他的孩子骂过很多次，如果他回来再多骂一次也没什么帮助。 因为不管怎么说，孩子会从当中觉察到父母对他的爱，而爱是让他足够健康、足够有信心的一个基石。 但是很多家长也许你逼得孩子看上去成绩不错，但他骨子里其实跟你的关系是很疏离的。 他会觉得爸妈不爱我，爸妈爱的是成绩，也许更爱老师一点。

我跟我的孩子相遇，是老天安排的，我有责任去保护他，替他扛一些事情。 如果老师骂我，我都不愿意为我的孩子去扛这个压力，这就是爸爸妈妈的失职。 后来在我的朋友圈有一个老师回复，他说我们做老师的就喜欢这样的爸爸妈妈，只要他们表达，他们扛得住，我们就没压力了。 我看到就觉得很好玩，我说原来有一些机制是大家扛不住压力的，老师很担心家长会责怪，先训家长，家长扛不住又去训孩子，如果家长扛得住，老师说 OK，那就慢慢来好了。 如果是恶性循环，就会越来越糟。

当然也不是个个父母都可以这样，真的要扛得住也不容易。 我自己的孩子原来是上海市包玉刚学校的学生，一到三年级他差不多各科成绩都是倒数的，然后四年级以后不知道怎么了，就屌丝逆袭，越来越好。 一年级的时候，他妈妈去开家长会是压力很大的，因为那种学校有无数的奖，我儿子居然任何一个奖也没拿到，而他的同学有些拿了好多张奖状。 当然，我们也有一个很幸运的地方，是真的碰到很好的老师，没有因为他成绩差而歧视他。 我孩子三年级之前数学都是很差的。 有一天下午我辅导儿子功课，做一本优等生数学习题集，结果错误率高达90%。 我就很恼火，说这是我儿子吗，怎么智商这么低，最后忍无可忍，我说不做这本习题集了，孩子健康、自食其力就好。

孩子四年级时，有一年我们家到非洲去玩，我爱人说那本书放了很久了，要不在路上带上，坐飞机的时候就让孩子做题目，省得看飞机上的电视影响视力。 然后在飞机上就拿出题目让他做。 只是隔了一年，我们当中什么事也没做，他突然对那本习题书变得非常有兴趣。 他边做边说，爸爸这个题目很好玩，然后在一路上他就做了一路，然后到了那边，因为有时候天气很热，我们中午都是休息午睡的，他一个人主动搬一个凳子在帐篷外做数学题，把那些带去的书都做了。 此后，他一直很喜欢数学，五年级时通过层层选拔，最后代表学校参加上海市里国际学校的数学比赛，拿了团体第一名。 这个过程也给我很大启发：你提早训练他，他如果心智没发育到那个水平，他不理解相关知识不具备相应能力，会学习得很辛苦，家长也会教得很辛苦，如果逼迫他学习还会破坏彼此之间的关系。 但是如果有耐心多等他成熟些，一切水到渠成，轻轻松松。 因为他在同龄人中月龄偏小，而且在比较自然的家庭教育环境中成长，所以我们整个家庭教育会比较耐心，不给大的压力，让他有机会慢慢赶上其他同学。我们家长主要做了三件事：一是给孩子测了智商，了解了他的智力情况（我是心理咨询师，做这个有优势）；二是给孩子提供好的、符合我们教育观的学校；三是保护好他的好奇心，培养他的阅读习惯。

从具体的事情来说，如果担心有人跳楼了，会对孩子有什么影响？最简单的就是跟孩子去聊一聊，你怎么看这件事？你觉得这件事情应该谁负责任？是老师、家长还是孩子？如果碰到类似的事情，你会怎么做？这叫机会教育，这个事件其实是一个很好的教育机会，你可以有机会去了解孩子的心思，也可以防微杜渐，去跟他去聊未来应对的思路，或者是开脑洞去想摆脱困境的方法，这么做对孩子的一生可能都有大的影响，是一种生命教育，这些教育也许未来在一些孩子成长的关键时刻就会起作用。

提问2：我这边的问题可能很多家长也都有，孩子在网络上、游戏上停留的时间没有节制，对他的学习是有很大杀伤力的，考试成绩非常不理想。但是我跟学校交流下来，学校认为他将来去大学以后还是会面临同样的问题。跟孩子沟通，他说学校都不管你干嘛还要管，但是我觉得现在不管不行了，我对这件事情很焦虑。

叶斌：他用手机做什么，是玩游戏还是学东西？

提问2：孩子是高一，有各种群，班里的群是时时在聊，哪怕他不说话，他看着别人聊也是很开心的。然后回到家也是一个电脑、一个手机，你不进他的房间，他一直是笑盈盈的，你进去就很忿然，你进来干什么？ 我在学习，你要管什么？ 这个界限很难界定，他跟同学聊天是学习吗？ 你可以界定为是学习，也可以界定为不是学习。 还有在学校的时间玩游戏，他说中午休息时间，不可以休息一下吗？ 班主任也不一定时时会关注这个事情，我自己也很困惑，我除了把他的手机收掉，我不能干什么，我觉得，是吧？

叶斌：收掉是一个很大的冒险。 因为这个年龄段的孩子被收掉手机，是很没面子的事情。

提问 2：我把手机收掉了，但他每天把电脑背进背出，我不能再收了，对吧？

叶斌：好，谢谢，这个问题很典型，但坦率地说，我只能就我能想到的一些角度去做些回应，不算解答他的问题。

我在华东师范大学工作了很多年，是心理咨询中心当时的负责人，当年做过一个项目，叫网络沉迷孩子的工作坊。 当时找了 6 个家庭，参加的孩子玩游戏沉迷。 沉迷的意思是每天花大量时间玩游戏。 我们工作坊整个设计是 8 次活动，8 次活动主要是在两个元素上做文章，一个元素是改善亲子关系，另一个元素是激发孩子对未来的梦想。

很多网络沉迷的孩子，第一个比较共性的特征是对未来没想法，不知道、没想过自己十年二十年以后的生活。 妈妈说做什么就做什么，没有可以让自己兴奋和激动的事情。 第二个是亲子关系通常不太理想。 所以，对于家长来说，重点是让孩子和自己维持住好的关系，让他有梦想。

我跟你分享这个例子，不知道能不能启发到你？ 如果你好好把那两个重要的元素做好，其实对未来是打基础的。 另外一个是我刚才讲的，我自己的教育的底线是说将来你不要啃老，所以生活是你的事情，基于这样的底线，我是不会太焦虑的。家长说很焦虑，除非你的目标很高。

如果他的底线是你可以笃定的，那也没事。 所以如果你问我问题，归根结底，你要问自己的是你的教育观是什么？ 而且要很坚定，扛得住外面的风吹草动和压力，你不会因为成绩稍微好一点就高兴得不行，差一点就完全就崩溃。 因为你自己知道你想要一个怎么样的孩子，你越清楚越不会为外部所动。 而且你仔细去想，如果学校的常规教育是一条路，万一你的孩子是另类，你怎么可以带着他到达他的终点。 重点是未来在一个很远的地方，也没有一条绝对标准的不能有一点偏差的路径。

青春不迷茫

沈奕斐

专家介绍：沈奕斐，复旦大学社会发展与公共政策学院副教授，复旦大学家庭发展研究中心主任，中国社会学家庭社会学专业委员会副会长，哈佛大学燕京学社访问学者，哥本哈根大学客座教授，上海家庭时光社区服务中心理事长。

我们今天讲的主题是青春期亲子沟通的误区和出路，我是从社会学角度来展开讨论的。其实个体的很多行为受到整个社会的整体文化的影响，并不是你想要怎么样就能怎么样的，很多时候整体框架决定了你的选择，决定了你的取向。

举个例子来讲，刚刚结婚的时候，小夫妻都希望两个人独立地居住，独立地生活，很少有人说最理想的模式是跟公公婆婆或岳父岳母住在一起，是不是？ 但是等到生孩子以后，就不得不接受老人的到来。 因为在制度上产假最长是 4 个半月，但是孩子能进托儿所一般要到 3 岁，虽然我们国家规定是 18 个月，但实际上 18 个月是很难找到托儿所的。 所以从孩子出生到能进托儿所，有一年多甚至接近两年时间，如果父母是双职工的话，孩子没有人带。 为了解决这个问题，个体会做出一个所谓的自由选择，但是这个选择会受很多因素的影响。 举例来讲，选择一，我们自己不工作，做全职的太太，但前提是你没有任何事业心，职业对你来讲不重要，另外家里有人挣钱挣得足够多，能养活全家。 选择二，你可以找保姆，但是现在好的保姆跟我们的工资估计差不了太多，何况我们还不信任保姆。那么你又要工作，又不信任保姆，最能够得到的支持力量是什么？ 家人。 所以，你最后发现最理性的选择就是跟岳父岳母或公公婆婆住在一起。 这个过程中的选择就是受到了社会机制的影响。 假设我们从月子以后就能有婴儿照顾中心，又便宜又近还又好，这个问题就比较好解决，但因为现在我们的幼儿园也好，托儿所也好，有占地面积的要求，有设施的要求，所以它不可能很小，这就导致了我们不可能在家门口都有照顾中心，这就是社会支持体系的缺乏。

所以，作为一个社会学者，我们看到每个人遇到的独特问题背后都有一个社会机制问题，研究无非是把生活升华为学术。 作为社会学者，我还有一个目标，就是把学术指导实践。

我做中产阶层的研究，这个群体的孩子现在越来越多地出现问题：厌学、网络成瘾、抑郁、非正常死亡。高中和初中的孩子不应该是自杀的群体，他们生活刚刚开始，我们在读书的时候，很少听到身边有同龄人自杀，但现在你是不是经常能听到，这成了个严重的问题。

为什么我们中国的孩子会出现这么多问题？因为父母不关心吗？不是的，我们中国的父母把自己的利益都牺牲掉，在孩子身上花很多的时间和金钱，但是，孩子还是出问题，为什么会这样？

密集母职

其实我们学界很早就有一个概念：密集母职，当一个社会育儿文化是密集母职的时候，育儿过程和结果就会出问题，它会既伤害孩子的利益，也伤害被照顾者的利益。那什么叫密集母职？它的第一个特征叫家庭生活以孩子为中心。比如今天是我跟我先生的恋爱纪念日，我们本来应该要出去纪念一下，可是下周孩子要期末考试了，我们就放弃了，其实孩子期末考试以后还有其他考试，一直找不到机会，很多时候我们会换一个时间，但你要知道仪式性的东西，时间点是非常重要的，过了那个时间点再做无非就是吃顿饭了，但我们为孩子去调整自己的生活，我们不觉得有问题。我们的所有家庭生活日常安排都是围绕着孩子转的。如果一个老人他自己的父母生病了，他自己成年的孩子要生孩子，两边都需要他的时候，他一般都会选择照顾自己的孩子，请保姆去照顾自己的父母。

第二个特征是我们认为在孩子身上花的时间和精力越多越好。过去的育儿模式叫拉扯，大家想想看，我们小时候是不是父母不太管我们？教育我们也不过吃饭的时候稍微说一说，你跟别人出去玩，下了课该干嘛就干嘛，没人觉得我必须要时时刻刻陪伴，但现在的文化是陪伴是最长情的爱，而且还是时时刻刻的陪伴，这样就搞得家长和孩子都很累，对孩子来说，不需要的陪伴就是控制和监控。

很多女性觉得不能够错过陪伴孩子的时间，所以不得不牺牲自己的职业，做全职太太。但她其实也有困惑，担心自己不够给孩子做榜样，跟社会会脱轨，而我们的职业女性，你给孩子做了榜样，你也对家庭有经济上的贡献，你的独立你能保证，但是你会发现你有恐慌，你做不到像全职太太那样的全心全意的陪伴，所以每一个妈妈内心都很内疚，因为你两块怎么着都没办法平衡。这就是母职的镜像竞争导致的后果。

一个时刻陪伴孩子的父母，从早上开始就在关注他，孩子几乎是没有自己无聊的时间。孩子生而不同，但是有一点相同，那就是每一个人的一天都是 24 个小时，他在未来要胜出的时候，很重要一点是如何学会运用这 24 个小时，学习时间管理是他很重要的能力，但是这个时间管理的学习是要试错的。在密集母职的文化里面，我们时时刻刻关注孩子，把他每一分每一秒都安排得妥妥当当，他失去了自己学习时间安排的机会。

第三个特征是与孩子荣辱与共，我们文化里觉得孩子现在考试考得好，就是我教育得好，考试考得不好，就是我教育得不好，孩子今天出门打招呼，是因为父母教养很好，如果出门不打招呼，就变成父母没有教育好。我们总是把孩子的每一个行为跟家长的教育成果关联起来，实际上我们追问一下，以前古话说孩子经常是猫一天狗一天，听说过吧？今天可能出门都很喜欢打招呼，明天不知道哪根筋搭错了，就坚决不打招呼了。从我们研究角度讲是有规律的，孩子到三四岁以后，第一次的自我意识起来的时候，他就不想打招呼，因为他觉得你跟我是陌生人，但家长不允许孩子不打招呼，会觉得是不是这样子就变成父母没有教养，所以我们就继续关照孩子，出门一定要打招呼。如果他坚决不打招呼，我们不得不向别人解释并给孩子贴上不爱打招呼的负面标签，结果孩子越来越不想打招呼，这样就形成了一个恶性循环，如果能理解到孩子不想打招呼也很正常，没有荣辱与共的想法，那父母就会轻松很多。

还比如，出门在外，有的孩子会很安静地坐在那里，有的孩子天生很好动，我们现在社会特别不允许好动的孩子，我们一方面抱怨男孩危机，另一方面又把活蹦乱跳的男孩称为熊孩子。如果能更宽容的话，我们妈妈带着孩子出去或爸爸带着孩子出去就不会那么紧张。但我们整个社会是不宽容的。你如果带着孩子，孩子在那里闹腾，你会发现我们就立马说这种是熊孩子，如果孩子很活泼，家长带出去压力很大，因为孩子的活泼和好奇心，他想去这里摸摸那里摸摸都是不允许的，本来这是正常的天性，但是如果文化认定孩子的顽皮是因为父母教育不好，把它关联起来，父母就不能忍受孩子的这种天性了？当我们觉得孩子在犯错误的时候，孩子成长就是不断犯错的，但如果你认为他每犯一次错，别人都会觉得是父母的错，那父母就一定会不允许孩子犯错。

密集母职对整个文化产生很大的伤害。第一个，它会使得我们的孩子本身缺乏应有的成长空间和尝试的空间，这个道理其实大家都懂的，只是没有意识到背后是这个原因，所谓尝试是很可能犯错的，他有自己的历程。但由于荣辱与共，由于被很多人看着，由于我们在他身上花很多的时间精力，所以我们不允许他有任何的差错，我们每一步都要让他走在正确的道路上。第二个，对照顾者本身造成了很大的压力，因为你要预防意外的发生，这是很艰难的一件事情。你要预防他天性的爆发也是很艰难的事情，所以我们时时刻刻处在警戒状态。尤其孩子到了小学以后，很多东西跟我们想象可能不一样，经常有要创新性的东西，你会发现他也会被批评的。这样的一种育儿文化，使我们遇到了很多问题个人无法解决。

所以，一方面我们要反思自己的行为，另一方面我们要反思我们的认知，很多时候，很可能我们接受的那些理念是有问题的。

延后爆发

家庭教育还有一个比较大的问题叫延后爆发。今天我们讲的是青春期，但是我要从源头开始讲起。因为青春期的问题，并不一定是在青春期那一刻造成的。你会发现新闻里经常有爸爸把手机往窗外扔，这孩子就跟着跳窗了。妈妈把车停在桥中间，孩子就跟着跳桥了。我们就会说，你干嘛把手机往外扔，把车停在桥中间？可是你要知道我们都是人，都有失控的一刻。问题并不在于我往外扔手机，也不在于把车停在马路中间，问题是在于在过去的十几年里，我们怎么让孩子觉得自己的生命毫无价值，可以随时随地不要，这不是一天两天造成的。

大家是不是去玩过蹦极？往下跳是不是很需要勇气？没有半天的酝酿，没人后面踹你一脚，你都不敢跳下去，对不对？现在想想，想死是不是也会觉得很可怕？害怕死亡几乎是本能反应，我们如何在十几年里让我们的孩子克服了对死的本能恐惧，可以随时随地跳下去，这才是问题。为什么青春期他跟你对着干？因为前面累积了很多的负能量，父母没有看到而已。所以家庭教育有的时候困惑的点在于我已经看到你有问题了，但你觉得没问题，觉得都很好。

我有两个孩子，女儿高中，儿子也快上初中了。我从我女儿很小的时候就开始做家庭教育了，但是她同学的家长很少跟着我，为什么？因为我们家孩子小时候成绩不好，人家比较的时候总是看孩子的学习成绩来判断的，但学习成绩是有曲线的，你破坏那个曲线，他成绩上不来的。你要他自我发展，他要有自我意识就会有试错的过程，但是他自己试错的时候怎么可能比得上你拎起他来跑快？但时间长了，你就会发现你抱着他跑就是慢的，如果孩子跑步的能力上来了，他是不是就跑得过别人了？ 这是很简单的道理。

回到现实，发现我们的孩子很不一样。 我有两个完全不同的孩子，老大从小对自己要求比较高，比较自觉。 考试没有考进全班前三名就已经很沮丧，觉得自己考得不好。 有一年她数学考了 78 分，说最高分是 90 分，她觉得自己考得很糟糕，我也安慰她了。 结果过两天以后，发现他们班平均分 48 分，78 分全班第二名，很好了。 我女儿就跟我讲了：我们一个学校 10 个班，我们有三个分校，我是跟 30 个班竞争的，你怎么能只看我们班，别的班最高的成绩就是 90 分。 我哑口无言，女儿讲得真有道理。

但是我家老二考出来每次问他考得怎么样，回答都是："很好，全填满了。"填满就很满足了。 考试成绩怎么样？ 不知道。 他经常跟我讲说，妈你不要把我跟那些女孩子比，嗯，一半人去掉了。 我说男孩子也有不错的，他说，你不要把我跟那些安静的男孩子比，嗯，1/4 又去掉了。 他说我在那些皮的孩子里还是不错的。 我一算 23 个人，1/4，也就六七个，在六七个人里面他算不错的了。 你看，他对自己要求很低，很容易满足。

两个孩子截然不同，我们家女儿在任何场合都想做最优秀的那个人，我们家儿子在任何场合都想大家快乐就好，很有意思。 你们的孩子更多的像我们家女儿，还更像我们家儿子？ 我们家女儿培训班哭着闹着要上的，我们家儿子一直觉得什么都可以不上的。在人类遗传基因史上的，像我儿子这样的更能遗传下来，因为像我女儿这样的，自己很焦虑，要求很高的，容易崩溃。

我儿子还有一个特征，叫从量变到质变看不到量变，什么意思呢？英文课文背不出来，就不背了。如果是我女儿急死了，今天晚上一定要再背，明天也要背，对不对？我儿子就算了，一直算了。而且他们学校也很有意思，他们不是以背诵的方式而是演出的方式的温习功课。因为他们用的是朗文的国际教材，都是对话型的。很长一段时间里我发现我儿子扮演的角色都是那种一只跑出来的猫或狗，哈罗一下，喵一下就没了。他回到家里还跟我商量，妈我这个哈罗，是这么 ha 好，还是那么 ha 好。我就在心里想，有时间研究这个 ha，这篇短文不就背出来了嘛，对不对？但人家一点都不着急，但是忽然间，课文就能背出来了，从此，背诵不再是问题。很多父母问我，那你怎么知道你孩子以后一定能背出来呢？

我其实也不知道，但是我知道，孩子有两种大的类型，一种是输入和输出相对同步，学一点输出一点。另一种是需要大量的输入，积累到某个点才会输出。我们这两个孩子就很典型，男孩子普遍说话比较晚，为什么做男孩的父母我们特别焦虑，因为这样的概率是在男孩身上发生更多。我女儿从一岁多开始说话，两个字三个字五个字地说。我儿子两岁多以前都不说话的，但他从两岁多开始说话，长句马上就出来了，到三岁多的时候，已经跟姐姐说的话没有区别了。

假设我不了解这个规律，在他一岁多不会说话的时候，我很焦虑，带他不断地去看医生。 等到长句出来的时候，可能会说得不那么好，我不断地纠正他，孩子是觉得自己说话能力特别强，很厉害，还是会慢慢觉得自己的的确确说话不行?

对的，他会觉得自己说话能力有问题。

所以你会发现很多的孩子的学习节奏，跟我们父母想象不一样，所以作为家长来讲，首先要了解自己孩子的特点，成长的规律，学习的节奏。

孩子都是独一无二的，这个独一无二并不是说他是跟别人不一样，而是跟父母的想象不一样。 我们常说静待花开，万一孩子是棵铁树呢，或者是狗尾巴草呢? 不会开花，我们作为父母能不能接受? 这是我们家长面对的很大的挑战。

家庭教育有一个比较大的问题，它的决策是面向未来的，而且是面向他人的未来的。 所以这个人跟你想象不一样，你又在密集母职之下做的是此时此刻认为正确的事情。 如果你看不到未来的发展趋势，跳不出大家都这么做的漩涡，你就会被那个漩涡卷进去。 这就是为什么教育事业比一般事业更难，因为它延后爆发。 青春期的很多问题都是以前没有意识的情况下问题的积累，到了这一刻爆发的。

寻找归属

家长经常会觉得孩子青春期天生叛逆，但我们的研究发现，青春期并不一定叛逆，美国学者米德的研究就发现在很多的原始部落里，孩子没有青春期。青春期叛逆跟两个东西特别有关。第一个跟代际之间的差异有紧密的关系，就我们两代人差多少。第二个是跟父母想要掌控孩子的程度有关。你过去掌控得越严格，他可能叛逆得越厉害，所以青春期可以检验你过去的教育方法是不是合理。

青春期当然也会有些特征。

第一，青春期的孩子，因为身体的快速长大，情绪会起起伏伏。青春期的孩子早上觉得我就是世界之王，世界全在我脚下，我最牛逼；到了晚上觉得不行了，我就是个 loser，我什么都做不好。有没有发现这种起伏？我们要接受这种起伏，这是他正常的表现。第二，青春期的孩子会有力不从心感，他想要做好，但是他做不好。第三，他有很多的需求多元，跟家长想象的不一样。

青春期的孩子为什么会不听话，是父母过去的很多纠错式教育使得他的力不从心感加剧，使得他对自己的情绪掌控很弱，他没有能力去调节自己的情绪，而他的需求又大量得不到满足。但我们的家长往往是看不到这些需求的，因此产生了矛盾。

家长会发现，不仅孩子的力不从心感加剧，家长的力不从心感也在加剧。父母越不确定，就越焦虑，就越想去控制，但是我们控制的方向常常是错的，这便成为南辕北辙的努力。

要让孩子成长起来，要让他有归属感。知道自己是谁，能做什么，对世界有什么贡献。在这个过程中他要不断地尝试，如果这个归属感缺失，不知道自己是谁，自己能做什么，就会寻求过度关注，或者寻求权力或报复，甚至最后自暴自弃。

不知道自己是谁，别人不关注我就没有价值，怎么让别人关注我？孩子发现做很多好事也得不到关注，但做错事或反抗别人能得到关注，他就通过做错事或反抗来获得关注，开始权力的争夺。到了初中阶段，他甚至不仅仅寻求权力，而是寻求报复和破坏，让家长很没面子。

归属感一旦出问题，这些反应是本能性的，因为他要找到我是谁。如果家长还没有意识到这个问题，最后他就变成自暴自弃。你说一说我就动一动，你不说我就不做。因为你有很多控制我的方法，以后不让我玩游戏了，以后不给我钱了，而我为了玩游戏我得听你的，所以说一说动一动，不说我坚决不做。或者有的孩子会离家出走，你去看那些离家出走的孩子，很少有离家出走的孩子立马就到哪个地方去大吃大喝。他可能去全家买点吃的，晚上住宿在公园里。父母经常想不明白在外面这么苦为什么不回来？因为他在测试：假设没有你们，我的生命还有没有价值，我能在外面生存多少天，这是他本能的反应。

归属感缺失怎么办？我们得回到源头上了解归属感是如何建立的。孩子成长过程中有本我、自我、超我这三个心理学的东西。本我什么意思？就是自己本能的欲望，它遵循快乐原则，怎么快乐怎么来，怎么好吃就吃，衣服穿上就不想脱，脱了就不想穿，躺在床上就不想起来，坐下来就不想动了。成长其实是自我跟本我在对话，告诉你不能这么做，你天天坐在那里面就这么吃吃喝喝，你会胖得要死，走路都走不动的，对不对？老是不穿衣服冷死你，不脱衣服热死你，这个自我跟本我不断在博弈。那么自我慢慢就成长起来，变得比较强大，可以去控制自己的本我，还能有成就感。

孩子在成长的过程中，我们分成三个阶段，叫自我救助阶段、自我欣赏阶段、自我纠错阶段。孩子在很小的时候，是自我救助阶段，他要学会怎么去打理生活，自我控制，然后一点点强大。可是我们的文化里有一种冷叫妈妈觉得你冷，连冷热我们都把他控制起来了。一个孩子如果冷了，冷过两三回，她下次出门就会自己查天气预报了，但我们的父母常常是你还没觉得冷，就把衣服给你穿上了，你还没觉得热，就帮你脱掉了，出门不管要不要，都帮你带好适度的衣服，所以永远不会感觉到冷热有差异。

自我连冷热都控制不了，怎么有能量干别的？从上学开始，我们就坐在旁边监控他，有时候学习成绩不好，老师会批评，自我就告诉他，你看你偷懒了吧，你不能控制自己吧，自我就会慢慢成长起来。但我们坐在旁边时时刻刻关注他，他的自我根本就起不来。

然后小学他进入一个自我欣赏阶段，你会发现小学的孩子都有这个特点，明明不咋地自我感觉特别好，经常对自己很满意。而我们这个时候特别看不惯他的这种自我感觉良好，觉得啥都没做，很想把他良好的感觉给打下去。但这个自我欣赏阶段是为他青春期的自我纠错阶段做准备的。青春期的时候，因为他那个时候不再是说我自己认为好就可以了，不是父母认为我好就可以了。你会发现他从自我定位到了一个群体定位，要别人觉得我好。但这一比较就发现自己有问题，所以他要去奋起直追，可是他的自我一直没有能力，自我的能量在自我欣赏阶段就被我们父母打没了，到了自我纠错的阶段力不从心，没有信心，觉得自己做不好这事儿。一旦他觉得做不好这个事，他就没有动力，没有能量去前进了。到了青春期你就会发现，你就只能推着他前进，你不推他，他就算了，自己不相信能够控制自己。

父母在这几个阶段角色是要不断变化的。如果你要去救助他，在他早期的时候就应该让他有各种尝试。自我欣赏的时候能跟他一起快乐，让他有成就感，同时也帮助他前进。到了最后自我纠错阶段，我们可能就陪在旁边，所以到了青春期的孩子，你会发现特别难搞。他碰到一个事情来问你，你给他一个错误的答案或者给他一个正确的答案，他都很讨厌你。因为当你正确的时候，就意味着这事情很容易解决，他会觉得自己很差劲。凡事不是他靠自己能量解决的，都无法让他带来自我的满足跟自我的成就感，他的自我成长不起来。所以我们父母的角色一直在变化，在他很小的时候，你可能是个守门员，帮他守住危险，然后你成为了教练，带着他前进。但是很快就变成了你不能做教练了，只能做啦啦队，在旁边欢呼一下，如果孩子做得不好，你可能 20%的时间做教练，80%的时间做啦啦队。但小的时候可能是 80%在做教练，20%是做啦啦队。

到了青春期的时候你想做啦啦队，他还不见得要你做啦啦队，他根本不在意你的肯定或者否定，他在乎的是同龄人的肯定或否定。这个时候你连啦啦队的资格都没有，那实在不行做观众吧。结果你会发现有的时候，他连观众都不让你做，所有的事情你是最后一个知道的。你要知道我们是无法帮孩子创造一个没有任何威胁，没有任何问题的世界的，这点我们不能做到，永远无法做到。那么如果他遇到问题，首先向你求助，首先询问你，你还能帮他想办法。如果他什么都不让你知道，等你最后一个知道时这件事情已经大到你收不拢场了。所以父母不要成为孩子的自我，我们要帮助孩子的自我成长，从这个角度让他对自己更满意。

后喻时代

这个社会是年轻人推动的。毛泽东主席说世界是你们的，也是我们的，但最终归根结底是你们的。孩子做的很多事情里面也是在学习，我们可以从孩子身上获得很多乐趣，养育孩子是个极其快乐的过程，没有孩子我们很快就 out 了，正是因为有孩子我们才能跟进时代。我举两个例子。

孩子看视频的时候，经常有弹幕，密密麻麻，我们是不是特别看不惯？因为我们以前电视很小，好不容易看清楚，不喜欢密密麻麻的弹幕，我们很想去改变他们吧。我问我女儿为什么要看弹幕，把视频本身都遮住了。她告诉我，弹幕有三个特别有意思的地方，第一就是会有很多人给你补充信息和知识，比如某个梗，你可能不知道，弹幕就会给你解释。第二你看片子时内心里有什么想法，你会发现别人啪发出来跟你形成共鸣，特别开心。第三很多片子很差，正好给你吐槽，弹幕不断地在吐槽，视频成了社交平台。孩子的模式跟我们的模式不一样，我觉得很有意思，我也开始去看弹幕，现在我每次看视频都把弹幕放出来，特别有意思，很有乐趣。

我再讲一个追星的例子，我最近把追星作为公共领域的亲密关系研究，这源于我的孩子。我以前做韩剧研究，我发现我和我女儿有很大的不同，我追星从来不花钱，她追星花时间花钱，是不是也很看不惯？我又去跟她沟通了，为什么你要花钱。她给我讲了一个逻辑，她说明星出来代言，如果不去给他花钱，找他的人就很少，他就会变得没有价值，他以后就越来越少的出现，你就见不到他了。如果他出来，你给他打榜做数据，他就会有越来越多的机会，就能越来越多地看到他，他也能成长得很好。所以他的发展是跟我们粉丝有紧密的关系的，这个逻辑就是今天的商业的逻辑，我觉得有道理。我当时追的是某韩星，我花了200元给他投票，最后，他竟然真的获奖了，突然间我特别有自豪感，觉得他的成长也有我的贡献。这简直是一个广阔的世界。

在这个广阔的世界里他们自我成长，家长给孩子一个边界，权利一步步放，让他一步步自我成长起来，父母这个平衡度是很重要的。孩子有多元的需求，你不能只关注在学习上，因为他的情绪不好，他学习是很难好的，而且有时候学习和天赋关系很大，你努力以后会发现，智商、身体素质、碰到的老师，都不是努力就能达成的。

如果父母对学习方面的理解非常狭隘，我们只看孩子当时的成绩，不允许孩子多犯错，多了我们就不能承受了。实际上一个孩子在成长的过程中，一个错误他可能犯六七次才能找到方法，不撞南墙他不回头。现在我们把南墙都给他挡住了，他永远看不到南墙。有一天在你没有发现的地方碰了南墙，他碰了南墙都不知道怎么办。我们会觉得所有跟成绩无关的都是没有意义的，比如说孩子到了青春期追星、早恋、八卦、玩游戏，是不是都是我们不喜欢的？父母经常会说我希望孩子快乐，但青春期所有他快乐的事情都是你不接受的。所以孩子到了青春期，他日益多元的需求碰到了只关注学习成绩的父母，青春期里的冲突就特别多，然后父母就说：你看，青春期叛逆。

比如早恋，家长无非担心两件事情，第一个是谈恋爱影响学习，第二个怕她万一发生性关系会怀孕之类。后面那个问题是性教育的问题，可以和孩子谈不能做哪些事情。前面那个问题，有的孩子做不到一心两用，有的孩子是可以做到的，而且他们的恋爱跟我们想象不一样，可能只是周末有时间见个面而已。他如果不跟家长对抗的话，不会有特别麻烦的事情，但他跟家长对抗就不一样了，恋爱成了抵抗家长的手段，你怎么反对他怎么来。

比如学习，孩子要进行自我控制，自主意识，有了错误自己改正，预测问题，能怎样做更好？有没有发现这要求是极其高的，家长自己是不是经常做不到？家长的远期目标是什么，现阶段的目标是什么，周围的环境怎样，自发地努力，有问题积极处理，谁能做得到？我们自己能做到每时每刻都有计划吗？每时每刻都反省吗？要是这样的话，根本就不需要逼孩子，家长自己就已经很成功了，对不对？我们常常是因为自己还不够成功，所以我们不得不希望孩子更成功，这背后是我们的焦虑，所以我们经常看不惯孩子的很多东西，不断地纠错。

比如起床，6点半你一起床就觉得他应该起来了，结果他还不起来，你是不是要去催促他？然后我们觉得他应该好好吃饭，结果他以前是不好好吃，现在是经常不吃饭直接走人，然后动不动就跟你说不想去上学了，是不是你也很焦虑？然后我们希望，孩子是不是回到家里作业都会做，如果孩子回到家里作业不会做，你会怎么说？上课没有认真听讲，对不对？你觉得这个思维是对的吗？如果老师布置的作业，所有的学生都会做，这是成功还是失败？失败的。如果你告诉他是因为你上课不认真听讲导致他不会写作业，其实我们把孩子关进了一个死胡同，因为他永远做不到上课四十五分钟一动都不动。所以他觉得自己已经认真听讲了，他还不会做，没有解决方案。我们父母从来没有去讨论过或去观察过，我到底怎么能帮助他，是方法的问题，还是老师讲得不清楚，我有什么事能帮到你的。我们就不断地讲这些错的东西。

比如作业。我们希望他回到家第一件事情做作业，有时间还要弹弹琴，你就会发现问题很大了。如果临睡觉之前还有一个小时，你希望孩子做什么？看书。而且希望他看我们所指定的书，实在不行看看古文、课本也是好的。结果孩子小的时候看的是什么？漫画，对不对？但实际上你想想看，一天辛苦学习后，孩子也要有休闲的时间，如果你不希望孩子拿手机，能取代手机的一定是另外一份快乐。不让他玩手机，让他去看他根本不想看的书，让他去再刷题，他怎么会愿意？我们经常一家人一起玩，以前我女儿在家的时候，我们四个人有时间就打 80 分，这些都有数学概念在里面，也可以锻炼孩子的手指灵活度，而且很快乐。

因此，如果要让孩子看书，也应该是他看喜欢的书，学生经常抱怨说，凡是与学习无关的父母就会觉得是没有意义的，这样就把孩子的成长局限在一个非常小的范围内。

自由成长

自由和成长，就是孩子要做家长不认可的事情。家长如果不让他自己去尝试，又不控制风险，那么他以后有一天真做的时候就比较麻烦。他在你的眼皮底下试错，你还有及时帮助他的机会，如果他避开你试错，那一旦有问题，父母可能根本帮不上了。为了避免这种情况出现，家长首先第一个是反思自己的上帝角色，是不是我们一定是正确的？ 后喻时代给我们带来一个最大的挑战，就是我们不见得给他时时刻刻的指导，一定就是他未来所需要的。 所以到了青春期，我们第一步可能是要证实我们关系的变化，从引领他怎么成长，我们是不是先做做跟随，去了解一下他到底是怎么想的，他此刻遇到什么问题。如果你不知道你的孩子，你跟他无法共情，你跟他关系不好，教育是无法支撑起来的，关系的好坏是教育的基础。

不好的亲密关系让你觉得自己越来越孤立，越来越弱小，越来越跟这世界隔绝。 好的亲密关系是其中的每个人觉得自己很厉害，对世界越来越好奇，越来越愿意跟更多的人形成链接，我们回想一下，我们是不是给孩子以这样的正能量了？ 如果以前没有，那么现在就要做起来，如果以前有，继续下去。但这并不意味着你不要规训他，你 20%的底线是要很清楚，哪些绝对不能碰，但这只是 20%， 80%都是让他建立自己的感觉。

家长还需要学会跟随，用一些工具性的东西找到孩子究竟要什么，做学习型父母。 什么叫自觉学习，怎么能让孩子自觉学习？ 自觉学习背后有三个要素，第一个叫兴趣，他对这个事情感兴趣，家长要做的是怎么让孩子对之感兴趣；第二个是有成就感，有的时候没那么有兴趣，但如果有成就感，孩子就能坚持；第三个是目标，他内心里想要的目标，而不是你告诉他的目标。 这个目标很可能是今天他喜欢的女生嫌弃他字写得不好，他就要去报写字班，也有可能是游戏要打到得到同伴的认可。 孩子至少要占有一个要素，否则没办法自觉学习。

到了青春期的时候，减压成了很重要的一个工作，父母跟孩子的共情变得非常重要，你要帮他减压，首先得了解他的情绪，学着去欣赏他，假假的表扬是没有用的，要真心的欣赏。享受育儿的过程，用正面标签法：对正确的可复制的行为进行肯定，踩着正确的台阶往上走。 最后我们讲要游戏化，怎么来做，要左手幸福，右手快乐。 我们通过游戏化的方式，让家庭一直保持亲密的互动。 对于青春期的孩子，我们没有办法给方案，因为每个孩子不一样，你能做的事情也不一样，恐惧焦虑的东西也不一样。

我推荐一本书，叫《这一辈子一定要做一次傻瓜》，它讲的是个养苹果树的故事，一个叫木村秋则的日本人，别人种苹果树都是靠农药、施肥、除草，但他学的是自然农学，太太又对农药过敏，所以他入赘到太太家以后就开始寻找不用农药、不用施肥、不用除草把苹果园种起来的方法。 他做了很多的工作，他从一棵树开七朵花，到结两个苹果，用了十年时间。 但是十年以后，他的苹果成为每个日本人都想吃的苹果，因为那个苹果放在家里，满屋子都是苹果香，而且不会腐烂。 他怎么做的？ 他觉得苹果树自己有生长的欲望，我们的除草、施肥，其实都是在改变它的环境。 我们要做的是怎么让它的环境变得更好，而不是强行让它生长。 所以他引入了种黄豆，使得泥土的氨基酸比例提高，通过益虫去除草，等等。 二十年以后，人家的苹果树根深两米，他的苹果树根深二十米，所以苹果树长出来很不一样。

养苹果树的经验就是，你要相信苹果树自己有成长能力，你要做的是创造那个环境，让它能自己成长起来，而不是去帮它把所有的问题排除掉。养人的时候，我们追求的是比苹果树还要更极端的方式。很小的时候，我们就已经开始拔苗助长了，我们比种苹果树更焦急，所以就出现严重的问题。

所以，如果你希望孩子是天使，那么我们首先要创造一个天堂。

我们希望孩子幸福，充满爱，但是需要记得爱是需要学习的，幸福是需要练习的。表达爱很重要，我们都得学习。幸福也是这样的，一个孩子小的时候没有幸福的特征体系，到后面你要他幸福很难。人处于抑郁状态时，只有激发小时候的快乐记忆，才能去抵御抑郁。如果我们的孩子小时候的记忆都是不快乐的，遇到问题的时候，没东西可激发，没办法抵抗严酷的未来的成长。

今天的讲座因为时间的限制，只能比较概括性的谈到这里，衷心地祝愿每个家长都能享受快乐的亲子时光，每个孩子都能健康快乐地长大。

互动空间：

提问 1： 今天很高兴听到沈教授的讲座，尤其其中提到学习型的父母真的非常有认同，以后要好好学习。我们家孩子上六年级，是女孩。刚才您也提到了，小孩子长大以后，有一个父母认同到群体认同这样一个过程。我有这样的一个困惑，我们家女儿有两个好朋友，其中一个好朋友不愿意把我女儿当作她最好的朋友。然后我女儿有时候会有一种交友的挫败感。这应该怎么办?

沈奕斐：非常好的问题，你会发现你女儿给你一个问题，你立马就给她一个解决方案。但是像我们喜欢一个人，这个人不喜欢我们这种问题是我们永远无法解决的，而且这种问题也不需要解决。我们能做的就是很同情她，有的时候想讨好某人，但人家就不喜欢我，这种情况我们也遇到过，没办法解决。比如我女儿到了美国以后，也遇到社交的问题。因为一开始人家特别同情她，觉得她可能会有学业跟不上的压力，结果半个学期以后，她成绩全A，一下子朋友关系就破坏掉了，大家不太愿意接受她。我就跟她讲，这真没办法，越优秀是越孤独的。

所以我们真正要给孩子的不是解决方案，而是让孩子倾诉和吐槽，不管在外面怎么样，回到家里还有个人听你吐槽，就不会那么孤独和绝望。很多时候只有家里的亲人，是真正希望你好，跟你心脉相连，你快乐所以我快乐。不能要求别人，你喜欢我，我就喜欢你，如果有一天很幸运地遇到了你最喜欢他，他也最喜欢你的人，难能可贵，我们要特别珍惜，仅此而已。

提问2：我的问题是，刚刚您的演讲当中提到了一个自我归属感的建立，那么我们作为家长该怎么样帮助孩子去建立自我归属感?

沈奕斐: 这里我推荐一本书，是我个人很喜欢的一本心理学的奠基之作，叫《孩子挑战》，其实自我归属感这个概念就从这开始，是你不断地去找到孩子认可的也能做的事情，让他发现自己的力量。我们的正面标签，我们讲的优势累积法，其实就是在解决所谓的自我归属感的问题，为什么要积累成就感，积累成就体验？就是让他觉得我原来还不错，我很厉害，原来我还做得很好。

真正的自我归属感是父母放弃想要控制他的想法，让他自己找到他自己。你能经常发现他原来是这样的，甚至你什么都不做，他的自我归属感也挺强的。

孩子的每一次叛逆都在告诉你，他的自我要成长。所以你可以想想看那个时候，怎么能让他对自己更满意，比如教孩子不断地学习跟手机共处，让他慢慢觉得原来可以控制自己的本能欲望，这叫归属感。而不是让他觉得父母很强大，父母很厉害，我总是错的，这就是我们的方向。有这个方向，很多东西你自己也是会慢慢调的，方向比技巧更重要。

这样爱你刚刚好

白　瑞

专家介绍：白瑞，全国的著名主持人，著名公益人，家长教育专家，两届全国金话筒奖的获得者，国家二级心理咨询师，上海市 12355 青少年平台专家团专家，上海市教委慕课专家，蜻蜓 FM“白瑞家长课堂”创办人。

可能大家会觉得逻辑上比较奇怪，一个主持人怎么又去搞了教育？主持人谈教育能谈明白吗？本身都不是教育界的人士。其实我大学学的就是教育学，而且说句实在话，主持人在广播里分享的是思想，是你的头脑里对某一类问题的看法。这么多年我在教育方面和心理学方面的耕耘，我想我还是可以和大家分享一些东西的。

“看见”＋倾听

我最近这十年来在义务地做着一件事情，就是教育家长，或者说家长教育，因为我们现在非常缺乏的就是这一块。我举一个非常简单的例子，我去做心理咨询，家长说我们家这孩子问题大了去了，怎么办？我说家长先来，这个家长一定不听你的，他一定会把孩子弄来，因为他们认为问题是孩子的，你让我去有什么用呢？

事实上，家长普遍没有认识到，孩子的问题必然是家长的问题，家庭的问题，孩子一系列的问题根源都在家长身上。我们作为爸爸作为妈妈，毕生最大的一件事情，就是要把自己的孩子教育好，这也是家长一个自我教育和自我成长的过程。在和家长沟通这个“你会爱孩子吗”这个主题时，很多人都说白老师你这太有问题了，我会爱孩子吗？我们家长穿的啥吃的啥？我们所有的努力，难道不都是为了孩子，我们有什么好享受的，我们所有的都是给他的，我们当然会爱孩子。我跟大家分享两个案例，看看有些家长是不是已经失去了爱的能力，或者你已经不知道什么是爱，不知道怎么爱孩子。

有个孩子因为没完成作业被妈妈赶走了，他是一个高一的孩子，刚考到一所市重点学校。走的时候还穿着拖鞋和睡衣，钱没带，手机也没拿，当时春寒料峭，他妈妈认为可能过几个小时这孩子就会回来，但这孩子一宿未归，几天后家长坐不住了，在我们的节目里声泪俱下地找这个孩子。

当然我们也帮忙在全上海找他，这件事情牵动了很多家长的心，因为这个孩子突然失联，家长煎熬得要命。第 20 天的时候，我问我的编辑，你觉得这个孩子还能活着回来吗？会不会开我们节目找不到人的先河？他说大姐，我坚定地认为他还活着。结果，妈妈在孩子离家出走 23 天的时候哭着给我来电话，白老师，孩子找着了，我说怎么找着的？他给我打电话了，我说你确定是他吗？她说我现在就要跟他爸开车去。我说好好好，我说你看到孩子确认是他的时候，你一定给我来电话。30 多分钟之后，他们打电话说这个孩子真的找到了。他在哪里？在长寿路的一家麦当劳里。这 23 天在麦当劳过的，跟人家服务员借个手机去百度高一的物理化学数学英语，跟人家借了纸，手抄了 53 张卷子。我说你怎么 23 天不回家，这孩子说了一句话，电话另外一端的我，眼泪哗哗地掉下来。他说我妈妈对我成绩不满意，我想把我成绩搞好了之后才回家。

我就问这个妈妈，我说你看着你儿子怎么样？我想你肯定扑上去了，因为这 23 天你想想多煎熬，那是 23 天，将近一个月孩子不见了。她说我是想扑上去，我老公一把把我拽住了，别理他。你觉得这个孩子能 23 天不回到这个世界上唯一能够给他提供歇脚的地方，他的家，他是什么原因不回家，因为他学习不好，或者是说他都上市重点了还是不被父母接纳。

父母爱的是学习好的孩子，父母心里评判的是你学习不好，你就不是我的孩子，我不管你是不是春寒料峭，我不管你是不是深更半夜，我不管你有没有钱、有没有手机，我可以撵走你。然后我看到他了，我想去扑上去，去倾诉我对孩子的思念的时候，一把把她拽住，别理他。这是爱吗？这绝对不是爱。这个孩子回家之后，我觉得问题太大了，他太受伤了。因为他 23 天没有地方洗澡，身上臭得不行，胡子拉碴，已经不像个人样了。我特别想去了解一下，这个妈妈平时是怎么对待孩子的？我觉得这个妈妈绝对不会带好孩子。如果够幸运，能把孩子送到一所不错的大学，心理没问题，如果不幸运，孩子肯定会出现心理问题。

你的眼中得真正地“看见”孩子，你会说，我天天看见我的孩子，我说的“看见”，是心理学上的看见，你心目中要看见你自己孩子本来的样子。我举一个例子，孩子不吃饭，我们很多外公外婆爷爷奶奶们都干过，追孩子喂饭是吧？非得把他这顿饭给他塞饱了为止。因为他这顿饭不吃，就等于我大人失职了，我管你现在饿不饿，渴不渴。你妈觉得你冷，是吧？我自己冷了，我就去给孩子穿衣服。实际在这个时候，你在不断地否认孩子自己的感觉、知觉和直觉。事实上，这“三觉”特别重要。我们要看见孩子本来的样子，比如这个出走的案例，他妈妈眼中没有这个孩子，有的是假想的孩子，学霸，不让她操心，每天十点来钟就可以写完作业休息，是不是这个？她眼中并没有看见她自己的孩子。而这是导致她和孩子产生冲突、孩子离家出走的根本原因。

我可以负责任地告诉大家，有些青少年的心理问题太大了，比如说我的公共表达课，有些孩子啃指甲，有的孩子眨眼睛，这些都是源于孩子的焦虑和紧张。我跟你再说一个细节，我在一个某重点高中上了八周的课，每次走进那个教室的时候，我的心里凉到底，因为没有一个孩子跟我打招呼。我走进教室，就像跟他们根本不认识一样，你不觉得这些问题大吗？是什么让这些孩子失去了他们在这个年龄原本的活力和蓬勃向上的力量？他们将来怎么承担起建设家庭和国家的重任？在巨大的学业压力面前，在统一的应试教育的体系之下，我们的孩子渐渐失去了生命当中最柔和的色彩，心里开始出现的一系列的问题。

提到教育的时候，我们老有一种错觉，认为教育是学校的事，可是家庭教育因素最为重要。这么多年，我采访过不下50位中高考的状元，而且我都会深入地走访他们的父母，跟他们长谈。得到的最深的体会是，家庭教育是一个孩子成长当中最最重要的因素，是第一重要的因素，孩子所有品质的百分之八九十来自家庭，跟学霸的家庭聊一聊，他们的父母是极具有人生智慧的人。

我采访过一个学霸，他这个孩子是我们上海某一年的中考的第一名，接近满分，在三年之后的高考，他又是我们上海市的前十名的成绩，非常高的分数，被香港大学录取了。他爸爸跟我是一个非常好的朋友，他说我告诉你，教育无他，让孩子说。十几年前我特别纳闷，我那个时候对教育的理解没有现在这么深入，让孩子说？教育不是我们说吗？我们去教育他，怎么能让他说呢？ 让孩子说，就是倾听，就是听，记住我们要真正做有智慧的家长，是懂得倾听孩子的家长，放下心里的评判和定论，让他说，让他跟你说，全然地接纳他的感觉、知觉和直觉，别戴着你的有色眼镜去看孩子，自己陷入无尽的焦虑和恐惧，孩子被你控制得无话可说。

我举一个例子，比如说孩子回家来，妈我告诉你，我特别讨厌我们新来的物理老师，有他没我，有我没他。 一般家长怎么做？ 你讨厌老师干啥，你老师碍着你什么事情了，你别那么傻。 你讨厌老师，我告诉你，这物理将来考试占多少分，你学不好物理，你跟老师对着干，你不是傻了吗？ 你说你怎么样，是不是我们是这样的？ 我们马上功利了，他要跟老师对着干，这下这科完了。 孩子马上就不跟你交流了，交流的门就闭上了，他不会再跟你说的，其实正确的做法是你让他说。 你应该这样，“你讨厌你物理老师？”“我讨厌他，我看他那副腔调，我就讨厌他，我特别喜欢我们去年的老师，我特别讨厌他。”“你讨厌他，你不喜欢他这副腔调，他怎样一副腔调？”他就开始说了，你发现最后说完了也就拉倒了，说完了他就会说：“没办法，命苦，我还得学他这门课，我就是再讨厌他，我也没招。”让他说，你得放下你心中的评判，你别老戴着有色眼镜，孩子情绪性的表达，有的时候说完就拉倒，我们家长老把孩子情绪性的表达下的话语当真，马上有了极大的操控欲和控制欲，孩子跟你交流的阀门永远地关上了，孩子不再跟你说了。

教育是一种关系

所以教育不是控制，不是家长的自说自话，是一种关系。纵观教育学的历史，其实它就是一部关系学！ 我采访过那么多学霸的家长，那么多所谓的高分的状元的家长，你就会发现很有意思，他们有不同的教养方式。 其中有一个状元很有意思，他妈他爸跟他一路学上来的，他去补奥数，他妈他爸就在后面听，完了回家一起学习，用他爸的话说，我们俩要去参加高考，估计勉强上一本，孩子已经做得很好了。 但是，也有一些状元的家长根本不管。 有一个状元的父母都是自来水公司的，特别忙。 家长说，我们真的不好意思，不瞒你说，有的时候家长会我们都没时间来，也没什么好说的，这孩子是自己长大的。

这个是什么呢？ 就是说把他的心理捋顺，跟他的关系良好，父母爱着他，这个孩子自己的天性就是这样。 更有甚者，一个状元是爷爷给培养大的，但是他爷爷是个中学老师。 他父母从来没管过。 所以一大堆记者采访他爷爷，他爷爷很能说，我怎么培养我孙子什么的。 不管什么类型，其中有一个非常共同的特点，关系良好。 教育是我和你之间的一种关系，这是它的一个最大的前提。 所以家长们记住，关系在，一切都在。你看我们状元往那一坐，面对一大帮记者去采访的时候，跟父母之间那种融洽的关系，那种融洽的感觉，那种眼神的互动，那种父母跟他之间的才有的小动作，弥漫在整个的采访的房间。要解决孩子上课的专注度，不好的行为等问题，关系在总有办法，关系一旦破裂，教育活动终止。

焦虑与控制

我们家长其实是最无助的。孩子遇到一些问题的时候，我们也束手无策，我们不知道孩子出现了什么样的问题，而针对他的问题，我能给出什么行之有效的，包括改变也好，影响也好，我们缺乏系统的关于这方面的培训，我们自己也是稀里糊涂长大的，好像也没怎么样，在这方面，我有几点可以和大家分享。

我来说一个例子。一个三岁半的孩子，家长给我打电话说孩子特别缺乏专注力，特别暴躁，怎么办？我说孩子暴躁是怎么来的？因为他是个男孩，体力好得要命，生龙活虎，外婆或妈妈根本控制不住他，又怕他出现一些危险，所以拼命地抑制这个孩子。两三岁的孩子语言功能还不是那么发达，说不出，所以他只有用他的暴躁情绪来跟大人抗衡。我说他的暴躁在这里。三岁半，你让他弄个小课桌，弄个小黑板认字，这么大的孩子能有多久的专注力？家长懂不懂教学规律，懂不懂孩子成长的心理方面的因素？什么都没弄清楚，就把大帽子扣上了。

在家长的焦虑恐惧中，孩子全部是问题。只要孩子有一点行为问题，展开丰富的遐想，一定会有越来越多的问题，恐惧带来的必然是控制欲，因为你只有控制他，才能实现家长的安全感。我的同事星期五给他女儿打电话，问她在家干什么，只要孩子说没学习，他一定焦虑，不行，我得赶紧回家。一打电话听说在做作业，心里特别舒服，行，在单位再待一会。所以这是非常大的一个问题，就是焦虑和控制欲。

每一个生命，包括植物和小动物，都有一颗自由自在的心，你越试图去操控他的时候，你越抓不住，而巨大的控制欲，是我们社会的一个非常大的问题。我儿子上小学三年级的时候，他每个星期五晚上去补习英语，有一天突然跟我提出来说要自己去。那个时候我们住中山北路，他得3号线坐到虹桥路，再换10号线到上海交大，穿过上海交大校园去上课。我死活也不能允许他自己走，因为太可怕了，但是他执意坚持，他说妈妈请你相信我，你给我一次机会，我肯定没有问题，我只有相信他，让他自己去上学。这个过程中也出现过让我特别害怕的事情，比如说有一次他8点半放学，按理9点半应该已经到家了，但是他10点还没到家，手机也打不通，把我们急得不行。后来了解到他在补课之前，玩了一会手机，把电给玩没了，放了学之后，又在路边吃了点东西，所以就把时间耽误了。放下你的焦虑之后，给孩子以成长的空间，孩子回到家里，脸上洋溢着自信的光芒，因为他自己完全有能力去做这件事情。就像我们把一头小马扔在了草原上，家长得有颗无惧的心。假以时日，孩子一定会给你巨大的惊喜。

父母对子女的爱，是一种极为复杂的爱。因为这种爱很特殊，他是你缔造的，还那么小，他的行为方式和思考方式有时候让你觉得，这个孩子怎么能这么想，这不幼稚吗？ 我们总会用我们成年人世界的标准来评判一个孩子，我们太难以做到把他像一个成年人一样去尊重，尤其是我们中国的父母。 我们的父母一定要看见孩子本来的面目，让孩子没有评判地成长，让他成为他自己，你先别急着给孩子下定论、下判断，别用你的焦虑去操控你的孩子。

不过话说回来，焦虑是日积月累的，是我们每天看到我们家里熊孩子今天又怎么样了，老师又告状了，对吧？ 焦虑一层层地在叠加。 我给你们几个简单的小建议，焦虑，只有进行心理辅导的时候才能彻底地放下，不要往特别焦虑的家长群里聚堆。 我孩子小的时候从来不挤各种家长群，因为你发现你所有的焦虑都是家长群告诉你的，这需要一定的定力，相信自己的教育方针，按照自己不断地学习，不断地努力，不断地放下，不断地积极期待，我的孩子并不会差。 即便孩子学习不好，我也坚定地相信我的孩子，一定会给我创造奇迹。

无惧与守护

我特别推荐大家看一部电影，叫《00 后》，是一个纪录片，跟踪拍摄一个北京叫巴学园的幼儿园，从幼儿园中班开始拍，八九岁时跟拍，然后 12 年后再去跟拍。 这部片子引发了巨大的热议，其中有一个孩子叫池亦洋，这个孩子是一个问题大王，因为在幼儿园的时候，他老是拿个枪拿个炮，去弄别人，很多家长在告他，能不能把池亦洋给开除？ 因为这个孩子太调皮捣蛋了，大家受不了了，孩子老受伤。 园长说，我认为池亦洋恰恰给其他男孩某种参照，因为他有男性无与伦比的个人魅力，就是他是男孩，他要当大王。 八九岁的时候，这部片子也去拍他。 上课抓耳挠腮，根本就听不进去，到小学了老师就开始训他，但是最后孩子实现了人生的飞跃。 为什么？ 他父亲一直是极大地包容他，包容他个性当中最珍贵的那个特点，就是他要当王。 有一个细节，池亦洋在幼儿园里，他搞了一帮小朋友唱国歌，最后他在中国青少年橄榄球队把国旗升了起来。

所以教育是什么？ 就是你尊重孩子的个性特点，不进行比较，不下定论，在他的最重要的性格或特点方面去提供支持，把他这一点保护好了，他总归给你创造奇迹。 柳宗元的《种树郭橐驼传》中的郭橐驼，是特别会种树的一个人。 什么树到他手下都起死回生，枝繁叶茂，开花结果。 所以郭橐驼被咸阳附近的很多大富豪请到家里，奉为座上宾。 别人问他，你这个树怎么种得这么好，郭橐驼说：我没有什么灵丹妙招，我只是顺应树木的天性，保留它生命中最珍贵的那一部分罢了。“凡植木之性，其本欲舒，其培欲平，其土欲故，其筑欲密。 既然已，勿动勿虑，去不复顾。 其莳也若子，其置也若弃，则其天者全而其性得矣。”种树其实就像对待孩子，一开始要给它无尽的爱，然后保全它的天性，我不害其长而已。 我其实也没啥办法，只是不损害它本来的生长。“苟有能反是者，则有爱之太恩，忧之太勤。”一些人正好相反，不是对它过分的爱，就是一天到晚担心它。你看接下来是咱们每个家长干的事，就如郭橐驼所言：“旦视且暮抚，已去而复顾，更有甚者，爪其肤以验其生枯，摇其本以观其疏密，而木之性日以离矣。虽曰爱之，其实害之，虽曰忧之，其实仇之。”

家长要有一颗无惧的心，你只有给孩子自由，让他自由自在地生长，像池亦洋那样，父母得放下多大的焦虑。你三岁半给孩子定个性，买一大堆的保险，池亦洋的父母没有这样。他深刻地意识到了他儿子生命当中最蓬勃向上的力量，在体育方面找到了他儿子的满足感、自尊感，把池亦洋培养进了美国顶尖大学。大家不要爪其肤以看其生枯，摇其本来观其疏密。这样的话，孩子的性也会日渐离矣。他已经不是他，他是家长的一颗棋子。

在上海的一些名校，有些家长辞了职，在上海借房子，看着这个孩子，别打游戏了，把毕业证拿到。为啥？这孩子被家长一路控制、一路看管，作为学霸考到上海的名校了，但是进了大学之后放飞自我，沉迷于游戏了。有控制就有反抗，一定有一个秩序大乱的过程。因为任何家长不可能跟孩子一辈子，控制一结束，就秩序大乱。

有的家长说，我信任孩子，把 iPad 给孩子了，都半夜一两点了，我到他房间一看，天哪，在那玩游戏，我怎么信任他？我说你的信任是有条件的。你没有做到彻底的信任，你心里头还是不信任他。另外，在电子产品面前，你可以跟孩子定一个规矩，我们共同来遵守。如果家长一天到晚在那看手机，孩子当然留恋电子产品，你没有给孩子营造一个一起努力向上的环境，所以给孩子自由，怎么给，对家长来说，是个很大的考验。

家长们，这是一个普世的真理。不要手伸太长，你别老琢磨着我的孩子必须得学习好，他将来能上个好的大学，实现人生的飞跃。我们的社会越来越多元，只要你不压抑孩子，你不拼命地把他的天性摧毁掉，他早晚能实现你的生命中所没有的精彩和奇迹。我们说教育最失败的就是长大后他就成了你。

有人说，培养孩子，用一句话是非常恰切的。凡事交托，凡事祈祷，凡事感恩，凡事尽力。我在这个孩子生命的初期，把他的根基打牢，用巨大的爱包容孩子。我的眼睛里能够看见孩子，能够尊重孩子，把它的树根弄平整了，把堤坝筑好了，我去不复顾，我不是旦视且暮抚，这就是交托，这就是无惧的心。这就是你让你的孩子，只要他能做的，就不需要你伸手。只要他能做的，你一定要让他去经历。一定要让他去体验到生命中的一些所谓的道理和感悟，哪怕他磕得满头起泡，哪怕他头破血流，这是他的生命成长所必须经历的事情。

所以教育永远是一个度，永远是一门艺术，这个分寸怎么拿捏，管得太长了就过了。但是如果孩子在困难的时候，你没在，生活太艰难，你没有跟孩子共情，你没有理解孩子的立场，你缺位了，孩子的人生的路就很难走下去。所以我觉得不是说太好了，我正想轻松。教育专家都说了，我们不要时刻看着孩子，他能做的你别管，但是一旦他有困难，你能给他巨大的支持。你能精准地找到这孩子到底是哪儿出现了问题，然后你的朋友圈的资源，你家长的能量，你的资源，能够为你的孩子所用。

有人说，你让我们有无惧的心，不用担心了，太好了，我正好累得要命，你自己学去吧，我爱干啥干啥。其实不是，因为咱们都是为人父母的，我感觉我们在决定要孩子的那一刻，他就是我们一生的功课，只要你生了孩子，你一生对他有责任感，你别想着你可以轻松，你别想着说我的孩子去美国了、澳大利亚了，你就轻松了。你会发现你作为家长更难了。这个孩子他前所未有的需要你，他无比的需要你，不管他在哪里，他在海外也好，还是在哪里也好。所以我特别喜欢两个词：守护与支持。守护是什么？有一些陷阱，你要告诉孩子，你不能让他掉下去，他眼瞅着要跌下悬崖了，你得一把把他拉起来。

我再举个例子，我自己的孩子，他在美国中学学习第一年结束的时候大获全胜，GPA满分四分满分，德智体美劳拿五个大奖状回来了，学校的荣誉学生，整个学校就他一个，他又是乐队的首席，完了又是橄榄球又是啥的，学习好，五次上台领奖状，太好了。美国大学是申请制，上不封顶，似乎名牌大学在向他招手。但是突然在今年9月中旬，他就天天跟我们痛哭，说妈妈我要回国，我几近崩溃了，工作也干不下去了。我们在两个星期的时间里，就是跟孩子两头哭，他哭我们也哭，妈妈我不行了，我说哪里不行，是不是因为他在国内的女朋友，他想回来？后来分析下来，好像也不是这么回事。

后来我就跟孩子商量，我说孩子一点问题都没有，我说你什么样妈妈都可以接受，我说你回国也不要紧的，他想到很多，他说妈妈我回国能干什么？ 我去技校，我去中专，他说我都不是应届的，哪都不要我了，我说妈妈总有办法，你相信我，凭爸爸妈妈的能力，我们一定会让你在社会上立足，我也不知道他为什么，因为你问不出来，我们也曾经偷偷地给他学校的老师打电话，老师说孩子一切正常，然后他发给我们的照片就是他到湖边去垂钓、去游泳，都是灿烂的笑脸。 他到底怎么了？ 我们是真的也不知道，哭了两周之后，有一天深夜里他终于说，妈你知道我为什么吗？ 因为我的数学课，我操作失误，只得了 40 分，我的 GPA 这个数学课是不可能获 A 的。 妈妈，我身上所有的光环都不在了，两周了，他终于说出来了原因，我知道了这个情况之后，更难受了，这是一个多好的孩子，他对自己要求太高。

我们马上让一个朋友去看看孩子，安抚孩子，并告诉他怎么弥补，孩子陷入巨大的情绪性的紊乱里，因为房东只是提供物质的饮食和休息的地方，孩子没法和房东谈这种事情。 所以要精准地发现孩子存在的问题，因为我们没有陪读，没有办法感同身受孩子他在那片异国的土地上，到底发生了什么？ 因为我们生活环境不一样。 但是你从这里可以判断出，他作为一个亚裔男性，他有非常大的自重感的缺失。 妈妈，我身上所有的光环都不在了，因为美国的评价体系，比如说身强力壮，体育是占有非常大的比重的，我儿子 1 米 84，他体格可能跟人老美相比像豆芽菜似的，只有学习能够让他获得必要的自重感。

所以我跟我先生立即意识到，这是孩子自重感的一个缺乏，我们跟他开始了积极的大量的探讨。比如说我们的亚裔男性在欧美发达国家应该怎么寻找成就感，两周之后他好了。我举这个例子说明什么？其实孩子无时无刻不需要我们的父母，你得精准地判断出孩子到底是哪里出现的问题，如果你平时没有尊重他，没有让他成为他自己，你的眼中没有看见你的孩子，你怎么研究也不知道他到底出现了什么问题。家长只有无限地包容他，无限地接纳他，他才会在有困难的时候告诉你，你才能知道怎么帮他，这是太重要的一个问题。

不一样的烟火

我在家长群里做过一个这样的试验，让家长们回家问一问孩子，觉得自己是一个什么样的人？问回来的家长有的说孩子说自己是一个很外向的人，有的说孩子说自己上课不太注意听讲……很有意思。回答的20多个家长，后来我就问家长一个问题，说你们有没有发现，其实孩子他对自己的判断是来自于家长？你们平时就经常这么说孩子。20多位家长集体沉默，这是很重要的一点。为什么呢？因为只有成年人才有自我认知，18岁之前，这个能力很弱，或者几乎没有。自我认知强的孩子，他一定是早慧的孩子，就是他的阅读量足够，他的社会属性很强，就是他妈妈或他的父母给他提供了很多的场景。他不断地参加一些社会活动，他在大量的社会实践当中，在人跟人的碰撞里，他知道了他是谁。

人这个东西非常奇怪，我们总是听别人的评价来认识自己。孩子自我认知能力弱，甚至没有，他对他的自我认知来自于家长，这是我们所有的家长都不知道的一个心理学的一个知识。他在跟家长的互动里，他在别人的嘴里，他在家长的评判里，来获得他对自我的认知。三岁半的男孩的父亲，如果你天天你给你儿子扣上两顶黑帽子，他如果不暴躁，不注意力差，他对不起你。你就是给孩子在慢性催眠，因为他没有自我认知能力，他对自我的认知，他是来自于你的评价。我是在跟别人的冲撞里，我在跟别人的互动和交往里，从父母的嘴里，才知道了小小的我是谁，我是哪里来的。因此我们要对孩子进行属性赋予，就是你想让你的孩子成为什么样的人，你先赋予他这个属性。比如说我想让我的宝贝成为一个特别有交往能力的人，你就跟他说，你出去交往，先把属性赋予孩子，他一定按照你的期望去成长，让他感到我很重要，我就是我，是颜色不一样的烟火。

家长一定要非常地清楚，学习绝对是有能力的，有些人他就是学不好。对不对？他就是往死里学，也不一定能学好，从某种意义上说，学霸也是天生的，但自重感是一个人立足于社会的基础，不管孩子学习好不好，一定要把他的自重感培养好。

举个例子，我妹妹的孩子，在哈尔滨的一个省重点中学读书，她当年是踩着分数线考到这个学校的，在学霸聚堆的地方，班上50个人，她永远排在35名到43名之间。考到上海一个二本大学。她提前一周来到上海，正好当天晚上在作家六六家有个聚会，我们是无话不谈的好闺蜜，就在她家吃饭，一个长条桌，她家阿姨烧了一大桌子菜，又叫了很多外卖小龙虾，闺蜜聚会，无话不谈，叽叽嘎嘎的，我妹妹的孩子把我们厨余垃圾、猪爪骨头小龙虾的壳收拾好，拿个塑料袋一扎放门口。完了六六就说了这么一句话，你看没看这个孩子？还有几年毕业？毕业之后你到我们影视公司来。第二天我妹妹哭着给我来电话，给我吓一大跳，怎么了？孩子说昨天晚上足以改变她的人生。后来我想想，特别理解我的外甥女，她高中在学霸聚堆的地方，备受压抑，自重感严重缺乏，结果这么一个晚上，一个影视界的大腕，对她给予了从没有人对她的高评价，不仅肯定她的好，连毕业分配都有去向了，让她焕发出了无穷的力量。

家长们一定要意识到，每个孩子其实都需要一顶桂冠。懂教育的学校开设大量的其他的课程和丰富的活动，足球篮球羽毛球高尔夫，未来城市，大量的艺术活动，在丰富的业余活动和大量的特色课程里，给每个孩子戴一顶桂冠。我让你觉得除了应试这个体系的学习成绩之外，每个人都是冠军。每个人都有这样的舞台去展示你的能力，你的水平，所以我觉得特别的重要。所以这也是现在所谓的厌学孩子出现问题的一个原因，就是自重感缺乏，学霸林立的地方他太难受。

大声说爱你

我们中国的家长不爱说“爱”，我们愿意通过具体的行动来对孩子进行所谓的爱的表达，行动里充满了爱，口头上我们不这样，你看外国人都是“I love you”不离口是吧？ 我们中国不是这种表达方式，比较含蓄，但是一个小孩，他很难透过你的这种复杂的情绪和动作，体会到爸爸妈妈的爱。

比如说我最近接触一个孩子，他浑身疼，疼得不行了，满地打滚，学校吓坏了，赶紧让这孩子他妈把他接回家了，开始领他到处看病，医院都跑遍了，没有病理性的问题。 然后都建议他去精神卫生中心，到精神卫生中心一诊断说他这孩子已经失眠两个月了，他是心理性的疼痛。

这个孩子的妈妈领着他来找我，小男孩很可爱，我说你怕什么？ 他说我就怕两个人，一个是我们老师，一个是我爸。我说你怕老师啥？ 他说你看我是6月8日发病，六一儿童节那一天，学校组织全校学生看电影，看完电影之后就吃吃逛逛，但是那天他没写作文，那个老师特别负责任，说你不能去看电影去了，谁让你没写完作业，你留在教室里写作文，就把他留在教室里写作文，但老师把他忘了，天都黑了也没人管他，然后他想天都黑了，大概他们把我忘了，他自己回家了，从此以后一旦看到老师跟他板个脸了，他就知道了，他们一起想要干什么不带我。 多小一件事，咱想想是不是挺小一件事，不就没看一个电影，他们吃个饭，完了没带咱，但是对孩子来讲天大的事。怕他爸为啥？他爸一看，好，你小子，你在家装病，老拎个棍子要揍他，不知道孩子心理出现了问题。他是个好爸爸吗？绝不是，你如果爱孩子，要跟他大声地说出口，比如说晚上躺在床上，小小的孩子，你跟他回忆回忆，看看以前的照片，你那个时候多可爱，我们老跟儿子说，爸爸妈妈结婚第九年才生了你，我们都觉得此生跟孩子没缘分了，你一下子来了，你看妈妈爸爸当年的试孕纸还留着，我记得你三两个月的时候，皎洁的月光之下你睡着了，这边爸爸那边妈妈，我们就呆呆地看着你，觉得这是上苍给我们最好的礼物。

所有这些细节，这些情感，你要告诉孩子，孩子需要父母的爱，他无时无刻不需要父母的爱，所以我要把这个分享给大家，爱要大声说出口。我一个特别好的一个朋友，她家里四个哥哥，她是一个女孩，她说我在我妈临终之前我才理解了她。每次见到我妈，我们全都得看着她的脸色。她要是一片祥云，我们才能自由松弛点，但是她总是板着脸，好像她很恨我，怎么那么恨我呢？我妈妈后来得了癌症，在生命的弥留之际，她就问她妈，你怎么好像总是那么恨我呢？她妈说了一句话，我没有多少文化，你又有四个哥哥，我不知道怎么教育孩子，我只有用家长制的强压把他们压住，你的哥哥们才能不学坏，不走歪道，所以我没有办法。两人一起抱头痛哭。孩子一直没有觉得妈妈爱她，虽然可能妈妈行动上是爱，但是妈妈一天到晚板着脸，孩子看到的都是恶狠狠的表情，直到母亲生命的最后一刻，母女俩才释怀了。所以这是我们中国家长的一个通病，我们不跟孩子说爱。

生命是一种修行

我们要对孩子说，我爱你，如果前方有一条我曾经跌得面目全非的路，而你却执意想要去，我希望我爱你的方式，不是拉住你，告诉你不能去，而是给你准备好耐穿的鞋，备好雨伞，告诉你第二个街口，地很滑，你也许会摔倒，第五条街也许会有小偷，孩子去吧，回来，家里有饭。我们有一首歌叫《多么痛的领悟》。痛过才能领悟，但是我们现在孩子没有痛，我们没有耐心让孩子去痛一下，我们想直接告诉他答案，你就这么照着办。

我举一个例子，我自己的孩子到美国之后，他碰到了人际交往当中的一个难题。他有一个阅读量好几千的微信公众号，叫杰瑞在美国，他们学校一共有 8 个中国孩子，他生气其他孩子在亚马逊上买答案，他觉得太丢国人的脸了，他不仅发牢骚，而且写了一篇公众号，发表了，那些同学也都知道。其实我心里特别清楚，儿子，你把你自己管好了就行了，你管人家干啥，你还写一篇公众号骂人家，你这个人际关系肯定有问题，果不其然，有一年的春假一共放六天，其他孩子出去玩去了，没人跟他玩，他只能在家待着。通过这件事，他就记住，不会再犯类似错误。暑假回去之前他买了很多作料，他想周末做饭约同学来吃，再也不提人家买答案抄答案这回事了。

教育是什么，教育是给父母出的一道难题，没有什么比教育更难，没有什么比去教育一个孩子更难，事业学业我们努力了，就可以收获，但是教育不是。虽然孩子所有的问题，都是家长的问题，孩子就是家长的一面镜子，这面镜子照见的是父母的性格弱点，家族的人性缺陷，夫妻的亲密关系，我们意识到这个问题之后，需要终其一生，认识自我，改变自我，调整自我，教育是一场自我修炼。

孩子他对我们来说意味着什么？就是我们的生命当中突然出现了这么一个小东西，他是我们创造的，他是我们缔造的，他柔软，他可爱，他无助。我们在带他的过程当中，发现生命就是一种修行，让我们彻底地放下自己，彻底地改变，在这面镜子面前，我们照见的是我们自己。他的问题是我们的问题，而我们是跟孩子共同进步，在你圆满的路上，你的孩子必然实现圆满。如果你坚决不改变你自己，你坚决不反省你自己，你坚决不照见你自己，你的孩子也一定不会改变。

我们都不是完美的父母，可以把自己完美地呈现在孩子面前，在教子的路上，我们都曾磕得头破血流，成功的家长，他懂得反思，他懂得放下，如果我们曾经伤害过孩子，不懂孩子，走过了不必再回头，只要反思自己，做个足够好的父母即可。

在一次聚会上，我看到一个老外和他女儿聊天，父亲微笑地注视着孩子，小声地聊着天，彼此之间特别客气。就这一个极小的细节，它给我们巨大的震撼。外国人对他的孩子，是当作一个独立的生命体，彼此间的客套和弥漫在他们父女俩之间的那种边界感，对待客人似地探讨一个问题，我们中国的家长绝对做不到。所以你只有把孩子当作一个独立的生命去尊重，让他成为他自己，他的生命里才能生发出你的生命所不一样的枝杈、不一样的花朵，它一定会给你惊喜。

互动空间：

提问 1：白老师你好，就是刚刚在你讲的过程中有一个小细节，我的孩子现在是小学四年级，学习蛮好的，但是我发现他就特别喜欢咬手指。我不知道是不是有原因？

白瑞：你看我的手指甲，我从小咬到大。你看真的，从小咬到大。我告诉你，他环境不安全，父母争吵焦虑，都是可以看出来的。他咬手指一定有问题，他焦虑，他紧张，眨眼、咬手指都是这个问题，没有做到全然放松，缺少安全感。你去找你们家庭的问题，一定有。有人压抑他，有人试图改造他，所以他用咬手指来克服他的焦虑和紧张。

提问 2：孩子在学校里面对老师的话像圣旨一样，但是回到家之后，对父母的话要打折扣。我不知道他是出于一种什么心理，如何去正确引导他。

白瑞：他为啥一定要听父母的话，他为什么一定要听你的话呢？我觉得听父母的话本身就是一场虚妄。你的话是标准答案吗？

提问2：不是，至少父母站在父母的角度，可能说经历不一样，学识不一样，俗话说得好，这叫吃的盐比吃的饭多。

白瑞：你吃的盐比他吃的饭都多，所以你老想把你走过人生的所有道路经验都去跟他分享，让他按照你的这个东西去执行，对不对？ 教育就是这么一个过程，因为我们都人到中年了，我们特别清楚中考太重要了，你说你现在怎么就不学习？中考足以改变命运，是不是这么一个过程？ 但是他不是你的复制粘贴。 教育是一种关系，我建议你一种探讨和钻研的态度去面对你的孩子，同时你完全可以跟你的孩子去探讨这个问题。

我跟你说一个非常简单的例子，一道题目，孩子犯同样的错误，罚抄并不是好方法，你让他教你他这个错误在哪里，回头再去反思他这个错误，全部让他说出来，你让他给你当一次老师，这个错误就变了，这是美国最著名的金字塔学习法。 你可以跟他探讨，他为什么一定要听你的呢？ 这么有思想的一个孩子，一个自我意识萌发的孩子，他为什么要去听你的呢？ 你完全可以跟他探讨，你这样一探讨，在民主的氛围当中，他就全然地接纳了。

提问3：我想问一下白老师，针对小孩子有拖延症的问题有没有什么好的办法？

白瑞：这是家长问得最多的一个问题，因为我们是成人世界的人，我们所有的思想都是功利性的。 所谓的功利思想，我给大家举一个例子，比如说今天我要到汇源路200号来听讲座，但是从家里开到这个地方需要30分钟，1点半开始，我得在 12 点 50 分出发，我们大人都是功利思想，功利不是贬义词，但孩子是游戏思维。什么叫游戏思维？就是这块挺好玩，就是孩子特别愿意到床上啪啪蹦，因为他没觉得那是床，他也没有这样的概念，说可能把弹簧、海绵蹦塌了，他没有这个概念，坏了父母得去修，所以，我们要避开游戏思维，比如参加学校里的活动，你得告诉他，咱们接下来要去哪，今天你上学要升旗，你必须得 7 点 10 分进校，咱们路上是 20 分钟，你现在得几分钟把饭吃完。

提问 4：怎么和青春期的孩子做朋友，建立好关系？

青春期是一个让家长非常焦虑的痛点。其实我跟你说青春期从心理学上来讲，理论一点都不难，但是给家长的感觉冲撞是特别激烈的。少年时代是一个孩子一生中最危险的阶段，青春期他突然有了自我人格，他的自我感突然前所未有的开始建立，冲撞你，顶撞你，门砰的一声关上。然后整个感觉让你非常不爽，因为你失控了，他不再是躺在你怀里的小 baby、小宝贝了，你特别难受。青春期的父母要稍微弱势一点，别把孩子所谓不礼貌的这种行为上升到道德的高度，犯不上。

青春期的孩子其实非常痛苦和迷茫，他想成为大人，他四处碰壁，他想缩回来，又不可能，这个时候你一定要跟他建立深深的情感连接，这辈子最考验你的时候，就是孩子青春期的时候，你跟他永远建立情感连接，其实你们可以真的坐下来探讨探讨青春期你的心理特点，你的性格特点，你怎么往下走，青春期这一块爸爸妈妈要包容你，但是我们有时候失控了，也请你原谅你的爸爸妈妈，一定要注意别让同伴关系做主导。你会发现同伴对他来说太重要了，他一旦接触了不太好的同伴，对孩子的影响会非常大。很多失足少年，那些少年犯管教所的人，就正好是在这段时间里留守孩子出现问题，所以你一定要去跟他的同伴去争夺父母对他教育的权利。他走过这一段路就好了。

致未来的承诺

李德元

专家介绍：李德元，中学高级教师，上海市延安中学校长。兼任教育部中学校长培训中心特聘教授，教育部中学校长“国培计划”特聘导师，上海师范大学研究生导师，上海市教委、上海电视台教育专家库专家。

今天很高兴来到“家庭教育高峰讲坛”。首先想和大家聊一聊“沟通”，教育是人和人之间发生联系，可以说教育自身最大的主题就是“沟通”。许多时候，家长和孩子之间、家长和学校之间、老师和学生之间以及家长夫妻之间的沟通，往往存在一种沟通效率低下的现象，这就是所谓的“沟通漏斗”，我们经常因此误解别人的意思，也经常被别人误解。比方说，大家有时急着出门，会跟家人说“你把那个东西帮我拿过来”，这句话是一个指令，但是缺少了“品名”和“地点”两个信息，结果对方要通过追问“什么东西”和“在哪里”才能完成你的指令。在交流中人人都有过这样的表达，大家回忆一下，是不是这样？如果你觉得你没有这样的事，那是因为没人跟你讲这个“沟通漏斗”。就像你偶尔知道了一个演员，会发现原来看过的不少电影里都有他(她)，虽然在此之前你仿佛从未见过他(她)。

我们常常把自己头脑中想象过的画面带入到我们的语言当中来，所以在沟通过程中，信息被发出者无意识地遗留，给接受方带来理解困难。我们以为传递的信息是100%，其实你说出来大概80%，加上干扰因素和不理解，对方能接收到的信息只有60%，听懂的可能只有40%，然后能够按照它做好的也就是20%。因此，好的沟通，绝不是你讲、他听，你讲什么他就必须听什么，而是要双方对话，在对话中完成相互理解。家庭教育也是这样，优秀的家长必须是一个优秀的对话者。

如何成为一个优秀的对话者呢？对话要有内容，也要懂方法，说到底，就是家庭教育既要讲科学性，还要讲智慧。

应该讲我国当前的教育的确存在着必须解决的问题，作为教育链中重要一环的家庭教育问题尤为突出。比如，家长喜欢把教育压力和焦虑投放给孩子，却不知道这种来自家庭的影响会有惯性，孩子将来长大成为父母，还会把压力和焦虑再传递给他自己的孩子。当学习失去了本身的价值和趣味之后，孩子的学习过程将变得辛苦而麻木。

在与家长交流时，家长们喜欢把这些责任推给社会，听起来有一定的道理，人毕竟是社会的人。但是，除了社会影响之外，人的成长还受到学校和家庭的影响。今天的家长都是从学校里走出去的，其所接受的教育是否帮助家长理解了什么是"真正的教育"并用于子女教育上？如果不是，学校有没有责任呢？每一个"问题小孩"的背后，几乎都有一个或一双"问题家长"，家长有没有责任呢？

我觉得，大家上学时期接受的是有问题的教育，大家也不知道那是问题，因此在教育子女上问题不少。所以，我想帮助大家弄清教育的症结，了解今天教育改革的方向，懂得判断学校教育的优劣，掌握一点家庭教育的艺术。当然我不是家庭教育的行家，只是一个基础教育工作者，也只能点到为止，仅供家长们参考。

自 1977 年恢复高考到今天的高考改革，可以划分成五个阶段，这五个阶段都贯穿了一条主线。什么主线？第一阶段，从 1977 年开始，国家按照"快出人才、早出人才"的要求，办重点班和重点学校。这对于解决当时人才奇缺的问题也是急中之法、无奈之举，但是对那些非重点班、非重点学校的学生极其不公平，师资不强，甚至缺乏教师，教学质量差，学生中的劣迹生越来越多，也就是成全了少数人，忽视了多数人。第二阶段，1985 年国家又提出"多出人才、出好人才"的要求，要扩大人才培养面，不再刻意强调重点学校和重点班，但是局面转变不大，“应试教育”还是大行其道，学校只抓高考学科，停上音体美、不上实验课、没有实践体验，甚至忽视德育教育，刷题猜题押题的现象日益严重。第三阶段，1993年国家提出了从“应试教育”全面转向素质教育的要求。从第二阶段到第三阶段，上海市响应国家要求，从1988年开始历时10年推行第一期课程改革，实施素质教育，领天下教育之先。第四阶段，1999年国家提出全面推进素质教育、培养大批拔尖创新人才的要求，上海由此又开始了第二期课程改革，至今课改还在路上。第五阶段，2014年上海市率先实施以综合评价为核心的高考改革，标志着中国教育终于开始走向科学发展之路。

五个阶段，贯穿了从应试教育向素质教育和创新教育转变这一主线。这一路过来，传统是强大的，变革是艰难的，过程是缓慢的。我们的教育至今仍缺八个字：“品格培育、能力培养”。家长固然要关注分数，但是不应过度关注，孩子的品格和能力比分数更重要。有人说你站着说话腰不疼，将来上不了好大学怎么办？我就不相信品格好、能力强的人，他们没有好的未来！

认清问题，校正错误的教育观念

过去成绩好的叫好孩子，成绩不好的叫坏孩子，但学习好就一定什么都好吗，学习不好就一定什么都坏吗？好坏不能仅仅用成绩来衡量。就中、高考来说，今后的升学选拔标准是考

试成绩 + 综合评价。 2017 年高考改革，高考成绩占 60%，综合评价占 30%，日常成绩占 10%，这是一个新方式，今后可能还会有变化，但是再变化，综合评价的本质不会变，综合评价评什么？ 看你给他的品格修养和能力素质，他在学科学习过程中所形成的应用能力、综合能力。 他有没有能力、品格，要通过这样一种综合评价来体现。

举个例子，2017 年重点大学招生，要求有综合面试。 学生提供在学校三年学习生活记录，包括学业成绩、实验劳技、听说成绩、创新研究、艺术体育特长、社会实践、公益劳动、发明专利和获奖荣誉等方面。 500 字的自荐评价，要写出自己的突出亮点，又要属实。 面对十几位考官时，对考官们提出的问题能应付自如。 这个东西很难造假，要考生实打实的能力。这些能力不独升学需要，对于学生们未来的高阶学习、职场求职、工作与发展都有帮助。

面对新的中考、高考改革，家长需要重新审视几个问题，这几个问题审视清楚了，才能家庭幸福、孩子有一个可期望的未来。

1. 选择什么学校。 喜欢追求一流的学校，但是你了解它吗？ 我们现在是哪个学校升学率高，仿佛哪个学校就好。 一所学校优秀不优秀的标准不仅仅是升学率的高低。 如果一所学校用尽办法把优秀生源拉过来，然后让这些学生花费几乎所有的时间刷题，本来就是最聪明的他们，分数怎会不高呢？ 这样的学习结果跟学校有关系吗？ 关系不大。 为什么？ 因为其他学校生源比你差，他用的方法跟你一样，他也在熬夜刷题，但是无论如何刷不过你。所以一流的学校一定要有一流的成绩，在任何地方这就是一个首要标准；但只有一流的成绩，绝不是一流的学校，一流学校是兼顾培育性和选拔性的。

现在家长都被一只无形的手攥着，都过度注重选拔性，而忽略了培育性，一批一批这样的学生走入社会，导致今天的社会问题比比皆是。问题在哪里？问题在于我们把“应试教育”和“应试”弄混了。“应试教育”的显性特征是刷题，刷题特指舍弃其他一切发展能力培养的学习方式，仅仅是超量做题目，为了考个好分数。“应试教育”是个错误的教育观念，表现为目中无人，重视分数，忽视品格与能力的培养。今天期望改变命运的人，通过刷题这个方式真的改变命运了吗？又有多少人改变了命运？“应试”则是一种教育技术，给你知识和能力，在考试的时候你能考出来。延安中学兼顾了学生学业、品格与能力的培养，在高考前后还要培训学生面试能力，在考官发问时如何应对问题，用实力折服专家，结果证明学生在面试时要比不训练的人表现出色。

2. 如何看待刷题。家长特别喜欢把孩子送到刷题的学校和机构去，只要看到孩子在刷题，幸福感就涌上来，孩子一不刷题家长就有火气。孩子就差跟你说，你在那里玩微信却让我做题，凭什么？我从来不简单反对刷题，如果你看到孩子刷题很幸福，你就让他刷，如果孩子刷题很痛苦，你还要让他刷？你可以尝试让他做一些他喜欢做的事。

相对的高分数或许可以通过刷题熬夜“磨”出来，但绝对的高分数想刷出来，对于大部分人来说是吃力的甚至是不可能的。人们认为刷题有效，是受了行为心理学的影响，行为心理学认为通过行为的反复训练可以形成条件反射。也有学者认为在一百个随机样本中（也就是一百个人），超级智者极少，弱智者也极少，绝大多数人是中智者，反复训练的效能最终还是受学习主体自身智能的影响。哈佛大学加德纳教授多元智能理论认为，97%左右的中智者，也仍然存在智能差异。他把智能确定为语言智能、数学逻辑智能、空间智能、身体运用智能、音乐智能、人际智能、自我认知智能、自然认知智能八个智能。人的大脑是按功能分区的，比如一个人脑局部受伤后，他的某一个或某几个智能会丧失。健康的人，每个人身上至少有一个智能是超级好的，有的人还会有多个优异智能，弱智者也不可能每个智能都不好。但是我要问大家，你们哪个智能超级好？回答肯定是不知道。为什么不知道，因为你们也是刷题长大的，没能发现自己的优异智能，耽误了吧？智能是天生的潜在的，后天培养不了，所以才叫挖掘潜能。别总怪孩子不聪明，孩子不聪明只是现象，没有挖掘或者本来“种子”就不灵是可能的原因，要怪就怪自己。智能决定孩子是否偏科，哪些学科学得很容易，哪些学科学得不容易。一定要根据孩子的智能来确定他未来发展的方向，而不是人家在刷题，你也跟着刷题，这叫扬长避短。

你们的孩子到底什么强你们不知道，也不知道怎么才能知道。你们总认为隔壁孩子学习很好，自己的孩子就得学习好。老师也是觉得别的学生能学好，你怎么就学不好？我们要求孩子的是我们认为需要的东西，而不一定是他所需要的。我初中的老师说我，你的物理和化学都能考满分，为什么数学总不及格，你数学是怎么学的，尽耍小聪明！我为此很头疼，其实我很努力，但数学成绩始终没有进步。数学老师曾经连续四天提问我，因为我每次回答问题都不正确。第三次我是花了功夫的，和其他两位数学尖子弄了一个晚上，把可能找到的同类问题全做过了，感觉胸有成竹，盼望第二天快点到来。大人总抱怨孩子不愿意学习，其实当他能学懂的时候一定愿意学习，愿意发言。我那天是平生头一次特别期待在数学课上发言，老师来了，先在黑板上写题，我一见眼睛就绿了，又没见过！可想而知回答错误。老师大怒，说你怎么这么笨，明天还叫你。《曹刿论战》里说，一鼓作气，再而衰，三而竭。连续错了三次之后，我勇气尽失。第四次我拒绝了回答，笨就笨到底。从此老师再没叫过我，我的数学还是涛声依旧。老师总是以为学生很聪明，你问我就应该会，其实我真不会。而且我经过了三天的挣扎，老师却无视我挣扎的心理和努力的过程，所以一直以来，只要一提数学老师我就浑身不舒服。直到我在职进修了教育发展心理学，对自己进行了智能测试才终于明白，自己的数理逻辑智能天生平平，和老师关系不大。我的知觉辨别和类同比较满分，比较推理和关系推理接近满分，而抽象推理只到良好。这是天意，对于数学，我通过后天努力达到合格已经不错了。

八个智能跟学科学习质量有关系。学科学得好，他相关的智能应该是强的，如果学得不好，相关智能可能是强的，也可能是弱的。如果某个或某些学科在持续认真学习后仍然学不好，多半是智能有问题。如果经老师指点改进方法后有很大的提高，说明智能没问题，是方法有问题。我现在培训老师时提出，在应对家长咨询时要有科学分析，不能总是学习不努力呀、方法不正确啦……，学生学习困难的原因其实很复杂，要借助于科学分析。对于智能优秀的学生发生学习不理想的问题，主要还是注意力与意志力之类的品质问题。注意力持续的时间长短，与年龄段有关，也与学习方式有关，所以不同学段的学习时间应该有差异，教学方法也要灵活多变，不能一直教授，要让学生动一动、练一练。今天中国教育还是强调“勤能补拙”，努力是能进步，但进步的多少、快慢会有差异。我们忽略了学生身上的长处，一味让他抑长补短，结果“长”的潜能没挖掘出来，短也没补好。人生苦短，没空补短，所以扬长避短才是教育要做的。

科学的教育观是基于智能，承认差异。这是我们应该思考的一个问题。想杜绝40年的淘汰式教育，就一定要承认差异，找到适合孩子发展的路径。2018年上海市普通高中入学率63.7%，已经算高的了，全国平均只有40%，60%左右的孩子被挡在普通高中的门外。这些用刷题陪跑了九年，最后被淘汰了的孩子今后怎么办？总不能只靠出傻力气吧？总应该有点知识转化应用的智慧，聪明地活着吧？我不是否定出力气，我要强调的是，人性成长和能力发展学校并没有给他。人性是什么？与人为善、成人之美与心怀感恩。一个人有这三点就足够了，可惜我们现在真的很缺乏。

3. 如何看待优秀。社会上普遍认为考入名校的孩子很优秀，我不这么认为，因为我和大家优秀的标准不完全一样。你说他智能优秀，是一定的；但是能力和品性却未必优秀。1995年，钱学森先生在病中对探视他的高层领导提出了一个问题，大意是中国现行教育为什么培养不出顶级优秀人才，这个问题后来被称为“钱学森之问”。后续的调查发现，我国恢复高考以来的三千多个高考“状元”，没有一个是业界精英，甚至还有一千多人生活艰难！可以说他们赢得了高考，却输掉了人生！在社会上，知识的运用和实践能力、质疑和批判能力，逻辑分析与表达能力，沟通与合作能力，文化理解与领导力，健康人格与公益心等都是决定孩子是否优秀的重要因素。

北大教授钱理群先生多次公开表示，北大的学生多数是精致的利己主义者。所谓精致的利己主义者，表现为非常精明，但是缺乏家国情怀和济世理想。网上有个高晓松质问清华学生的视频，这个学生是校方公认的优秀学生，本科读了一个专业，研究生读了另一个专业，博士研究生又读了第三个专业。他问高晓松自己毕业后应该找个什么工作，高晓松认为一个清华博士生，都不知道自己毕业后应该干什么，这书不是白读了吗？名校是国之重器，名校学生应该以改造国家、追求真理为己任，否则要名校干嘛，要名校的传统干嘛！河北某中学的育人观念更是有问题，天天鼓励学生和总理做校友，官迷心窍，这些人将来管理国家，一定是官本位而缺少民本思想和人道主义的。西南联大的学生多数都是从教书开始的，他们通过教育培养了许多精英。美国哈佛的毕业生也是一半左右到世界各地的大学教书，用一流老师培养一流学生。清华、北大的学生都应该有志于去中学、大学教书，我们的国家才有希望，而不是像如今三流的人考上师范，再把一流的学生培养成三流的人，还沾沾自喜于自己的教育业绩。

4. 如何看待孩子对学习的厌倦。如果学校课程丰富，有创新课程，还有满足兴趣特长的拓展课程，孩子能参加一些艺术、体育团队，参加一些社团活动，那他会很充实，他会觉得学习是有意义的。如果天天一味地刷题，人的精神世界会很狭窄，心灵脆弱的人是会被压垮的。

真正学习的状态应该是怎样的？管理大师德鲁克说："管理的本质，就是激发人的善意和潜能，管理要使人生有意义，提升人的境界、价值观和信念。"我自己的孩子在高中时还要抽出时间做船模，他在做船模时的认真、投入，读图纸的快捷、正确，动手时的细腻、精准，让我觉得这些品质比做几道题目更重要。后来证明我是对的，这些素质对于他留学、工作都有很大的帮助。这种状态，就是辛苦并快乐地学习，知道知识有用，如何用，为谁而用。另一种状态，也就是你们已经经历、全国的孩子正在经历的状态，辛苦并绝望地学习。他除了刷题以外，再没有其他的学习行为，除了升学这个目标，他不知道知识还有什么用，也不知道如何使用，学习枯燥乏味，导致终身不愿学习，而人的发展，主要还是靠自身的继续学习来推动。上海的孩子还算幸运，上海毕竟是国际大都市，也有30多年的课改实践，教育观念领先全国，但是还是问题不少。

我们一直在提减负，我认为减负不是减书包的重量，而是减掉厌学的情绪和外在的压力。喜欢学习书包多沉都不重，不愿意学习一张纸都是负担，关键是让学习变得快乐而有意义，所谓“知识在课内，行动在课外”，将知识与身边生活、社会生活建立联系，你会发现孩子成长得更健康。我举个简单的例子，一道考立体几何的题是这么提出的：假如你是超市的采购经理，全年销售了一万条领带和一万条长裤，请问应该采购多少包装纸？要求1.用上立体几何的相关知识和原理；2.与社会生活紧密结合，特别要与采购员的身份契合。3.要用数学思想进行严谨分析，表达要注重逻辑；4.注重效率，按时完成测试。这个测试是把多学科知识运用整合起来并与生活实际相结合，一是检验知识掌握程度，二是检验实际运用能力，三是考查数学逻辑思维与表达能力，四是思维的敏捷度。这种题目练多了，不用上什么大学，照样可以把职业经理做得很好。这就是能力化学习。我们呢，即使大学毕业了，仍旧什么都不会干，眼高手低。这种题怎么解？第一步把长裤和领带折起来，就变成立体了。怎么折是一个检测点，首先要考虑美观，用上长宽高比的知识（数学），美观是商品的属性之一，体现使用价值（经济学）；其次要考虑大小，顾客拿着方便，商品不能只图美观性，还要兼顾服务性，服务是商业的生命线（社会学）。再次要考虑成本，既美又好拿，当然还要省纸，这是采购经理的责任（经营学）。好了，按照三原则折完，才进入思维考察阶段，也就是第二步。领带标准统一，折完立体形状具有唯一性，根据它的长宽高计算表面积，乘以销售总数 10 000，即可。可是长裤呢？长裤分男女，分年龄，分数量，隐含着一个考点叫“分类讨论”（数学），要运用语言进行分析，有逻辑性（语言学）。

美国开发了一门大学课程，该课程由 science（科学）、technology（技术）、engineering（工程）、mathematics（数学）等学科知识所组成，以四个单词的首字母 STEM 来表示，属于科学、技术、工程和数学的跨学科课程。今年自主招生，我出了一道面向中、高考改革的测试题：中学学科知识在小汽车上有哪些应用体现，并阐述其原理。这是典型的水平方向的跨学科试题。汽车和中学的知识有没有关联？大有关联。物理力学方面，汽车刹车、进退、停止全靠摩擦力。光学方面，近光灯、远光灯体现焦点与光源的位置关系。气囊、轮胎、烤漆与汽油和化学有关。零件形状与尺寸和建模有关。汽车装潢和 logo 设计关联美术，汽车的故事与历史有关，就连说明书也与语言学科有关。这只是举几个例子，还有许多知识运用可以谈。一辆汽车几乎和所有学科都有关系，然而我们教学生的时候只是做题目，谁想过知识跟生活紧密相连呢？教育即生活，生活即教育，我们则是搞了 40 多年的“纸上谈兵”的教育，上了大学也没啥出息，眼中有“题目”，却提不出“问题”；长于“解题”，却不会“解决问题”。

5. 如何理解学习的价值。我觉得学习的目的，首先是使学生变得有人性，其次是帮助学生未来过幸福、美好而有尊严的生活打下好的基础。上大学不是唯一的成长道路，分数高低，大学好差，是不是上过大学、走出校门不都要追求美好的生活吗？从不太好的学校毕业就没出息了？那些积累的素养早晚会在职场上有大用场。

未来的公民需要多种素养。这些素养是借助于传统学科、新兴学科、实践活动、社团活动和创新研究活动等综合培养的。目前学界最关注的七大素养是“沟通与合作”“信息技术”“创造性与问题解决”“自我认识与自我调控”“学会学习与终身学习”“批判性思维”以及“公民责任与社会参与”，所以大家跟孩子对话的时候，应该特意引导他们对这些问题进行思考。教育是门科学，简单不得。

刚才谈了许多素养，这些素养都要靠“学习力”来获得。“学习力”包括学习动力、态度、方法、效率、思维品质和创造性六个方面。你要想方设法让孩子对学习充满动力。物质奖励是最糟糕的办法，很难持续。要会用精神奖励，要夸他很努力，但不能夸他聪明，一说他聪明，他就会得意忘形，不着急了。学习态度会在消极和积极两个方面不规则转移，一旦他消极了，一定是碰到了问题，不要逼着他做题，先把消极情绪解决了再说。对孩子动力和态度的调适，家长的责任更大一些，其余四方面要依靠学校教育，这是技术问题。

家长还可以在培养学生的自信心、热情、创造精神、学习欲望、学习主动性、责任感与对待失败的态度等方面有所作为，要在这几方面不断地跟孩子沟通与对话。比如培养自信心，家长有时候可以向孩子请教，也可以特意装装嫩，请孩子帮助解答。请教完要表现出佩服的样子，千万不要说你是明知故问，否则孩子会觉得被耍了，他会鄙视你。比如培养热爱，孩子喜欢的事物，让他保持着爱好，适度放给时间，把热情激发出来。我家里的电器都是孩子在安装，也随他拆卸，然后大家一起琢磨复原，坏了再买就是了。再比如对待失败，宽容是在被宽容中学会的。有些孩子轻生，是因为我们不原谅失败，其实我们应该不怕孩子失败，孩子经历了失败，抗挫折能力会更强。有些家长就是想不开，自己都不怎么成功，却总是不原谅孩子失败，这不讲道理。

认识改革，弄懂今天教育的价值

当前的教育有六个改进：

1. 学生发展的公平性。过去一考定终身，相差一分，命运迥异。现在一年两考（春季高考、秋季高考），为学生提供更多升学的机会。刚刚开始大家还不太认春考，是因为招生学校和专业有一定局限，报考的多数是学校的末尾序位学生，但多次考的措施是对的，将来会不断在实践中放开。2019 年春考已经出现学优生报考的趋势，就是证明。

2. 学科课程的平衡型。改革的理念是文理相济，复合发展。解决的问题是当前重理轻文、文化缺失和优秀传统文化面临断流危险。今后会突出语文在高考中的关键性、决定性作用；注重阅读积累和文化积累的考查；增加各学科试卷文字的数量，侧重思考能力和表达能力检测，减少计算的量。当前语文、政治和历史教材由全国统一，语文增加了60%的阅读量，古文相应增加，强调把书读通读透。

3. 学科课程的延伸性。取消考试大纲，只提供课程标准，由标准决定学什么和考什么。孩子知识涉猎越多，可能他在高考中视野越宽，联系性越强。为了让学生有时间阅读，必须降低高考难度，避免奇难偏怪。为了让学生真正阅读，将增加知识的宽度和广度，打通知识与生活的联系，改进试题方式，增加情境性、分析性和探究性综合试题。

4. 关注素质成长：关注学生全面成长，重视面试，重视一些卷面上无法考核的能力的培养。

5. 关注学生个性化学习需求。上海市重点高中几乎都有十到二十几个创新实验室，让孩子周六、周日利用半天时间到基地，和教授们谈一些科学问题，开开脑洞，向培养拔尖创新人才转型。经过拔尖创新人才培养，孩子在面试的时候能针对专家的问题发挥自如，我们相信比那些只会刷题的孩子机会要多一些，未来发展会更有利一些。

6. 关注学生生涯发展。要针对学生进行科学分析、目标引导下的发展设计。学生报什么加试学科，报什么专业，几乎是盲目的，有没有体验和经历大人都不管。生涯规划很重要，在国外，家庭、教师和社区都会针对学生做这件事。比如家长想办法帮助孩子知道自己需要什么，帮助学生知道自己长和短，如何认识自己。哈佛商学院明确表述自己培养的学生，目标是成为美国的领导者或精英层，这些学生有清晰和长期的目标。那些发展一般的人，要么目标很模糊，要么是没有目标。

下面我详细讲讲生涯规划，它刚刚进入中学，还是一个新东西。

对于一个人的一生来说，4—14 岁是成长期（小学和初中），15—24 岁（高中和大学）是探索期，25—44 岁是建立期，45—64 岁是维持期，65 岁到晚年是退出期。这五六个不同的人生阶段应该有不同的方法应对。它不是简单地去选择一所名校，而是通过不断地思考，对自己的人生有一个完整的设想。

斯温教授曾经有一个系统生涯规划金三角模式，他说人受到个人因素、环境和刺激因素的影响，最后作出选择。你的能力、性格特点，你的特质、兴趣、环境因素、资讯因素等共同构成了你最后决定了应该选择什么样的专业或职业，当我们确定之后，让孩子画出自己的生涯树。生涯树从初中开始画，贴在他的房间里，他会实时关注自己对未来的期望，当然这个还可以不断地调整。

接下来，当目标有了之后，我们对他的个人特质进行探究。一是他的兴趣。他到底爱好什么，这个爱好可以用霍兰德代码进行验证。二是他的能力。他到底具有哪些方面的能力，要帮他确定。三是工作价值观。人工作的态度不一样，这与选择专业和职业有很大关系。

这是霍兰德六种职业兴趣类型：实用型、研究型、艺术型、社会型、企业型和常规型。每种工作需要的品质与性格都不一样，比如做财务的人员，应该具备三点，一是物质欲望要低，不贪财，他不会把钱随便借给谁，也不会把钱偷回家；二是坚持原则，不是老总让他把钱拨给谁就拨给谁，他会研读规则，这才是最好的财务人员。凡是老总一说就把钱拨掉的，不会是好的财务人员，可能到时候要和老总一起进监狱了。三是机械性强。做财务一定找机械性强的人，不能胡思乱想。性格有没有好坏？没有！你说机械的人好不好？当朋友可能无趣，但做财务是最好的。你说暴躁的人好不好？当同事肯定不好，但带兵打仗未必不好。

能力分类有很多种，绘画、写作、计算机技能、处理数字、调停、时间管理、机械技能、情绪管理等。还有工作价值观，有利他主义、喜欢智力刺激的人应该去做研究；独立性强的人应该做思想家；希望有成就感的人应该做老师；追求社会地位的人应该去考公务员。有的人挑战性很强，如果没对手，生无可恋，可以找那种相对变化快、竞争大的工作；有的人不喜欢挑战，喜欢稳定和安宁，可以找那种相对经验比较重要的工作。我们从他的兴趣、对能力的理解，寻找他个人能力优势在哪里。现在市场上有一些比较专业的机构可以进行咨询，接受指导，我们对孩子判定会更加准确。

延安中学有自己的培养策略，其中针对住宿生的教育，除了要求学生团结、互助以外，还有一个要求叫“和谐不隐忍”，就是学生之间发生矛盾，我可以跟你沟通，达到和谐，但我绝不隐忍，在对话中解决矛盾。在每年对学生测定中，学生智能模型雷达图显示，我校学生整体上人际智能比较强，这就意味着毕业以后，可以和身边的人相处融洽；数理逻辑智能与自然科学智能强，适合朝理工类发展。

生涯规划在中学阶段，最后是升学准备。学习准备好了，但不知道干什么，这是准备有余，目标不清；还有的目标很清，但准备不足，想上名校，成绩不理想。作为家长如何引导孩子去渡过这个关口?

我们从小学开始就尝试带着孩子去接触一些名校，接触一些职业，再忙也要抽空陪他玩一玩、转一转，了解职业和需求。到了高中，列出几个孩子喜欢的职业，让孩子对职业信息搜集整理一下，包括市场现在怎么样，职业状况怎么样，这个职业对人的要求是什么，现在有哪些公开的、潜在的信息等。五年前是这个需求，五年后可能会是什么需求，等自己毕业以后会是什么需求。大家说孩子哪有闲空，这不是闲，这是成长的需要。有时候家庭要出行，孩子就是导游，让孩子为全家设计一个出行方案，从路程、出行工具到性价比，什么时候便宜，住几天，看哪些景点、文化场所等。这本身就包括商业、计算、文化研究等能力，没准他今后就成了旅游公司的经理。也可以跟职场人物对话，有的职场人士做得比较精彩，多聊聊天，把孩子激活。

最后差不多的时候可以跟孩子聊聊，我们该决策了，到底哪个方向，到底选生物还是地理？ 当医生该学物理、化学，能不能坚持下来，理化相对难一点。 当了医生以后，你觉得能否吃得了这个苦，医生这个职业发展很难，出口碑之前能否耐住寂寞，其实不独医生，所有的专业工作都是这样。

认真作为，掌握教育智慧与技能

我们刚才讲的是职业生涯中家长完全可以操控的一些东西。 你只要明白这个道理，掌握一点规划的技术，就不会觉得孩子的成长这么难了。 家庭教育需要智慧，作为家长，你有教育孩子的权利，你还有教育好他的义务。 但是你有没有教育好他的能力，有没有熏陶好他德行？ 这是做家长最重要的。 一个教育家讲，教育是一朵云推动另一朵云，一棵树摇动另一棵树，一个心灵唤醒另一个心灵。 我们一些家长和校长自己都没醒，怎么唤醒另一个心灵呢？

我一直认为，家长的精神品格应该是性情中人、好奇多趣和善于自控。 前面两句由于时间关系不说了。 善于自控，严格而不严厉，严格是标准，是尺度，严格者的教育不必声嘶力竭，面横眼突，关键是给孩子明确不能逾越的底线，这才叫严格。 严厉是情绪和态度，情绪和态度是很容易失控的。 比如，家长说，你凭什么这样？ 学生说，我就这样。 然后吵起来，一发不可收拾。正确的逻辑应该是，家长说，今天这事做得肯定不对，按照规则你错了，你今天不接受，可以先放放，明天再跟你聊，你先去做作业。这是一个缓冲，告诉孩子问题肯定绕不过去，总要聊聊的。你试试看，如果父母这样讲，他一定会反思的。为什么一定要马上解决呢？思想问题是不能马上解决的，要给他一点时间。我一直奇怪家长哪来那么多脾气，有本事去跟上司发脾气呀，别和小孩子发脾气。严格和严厉看起来都很负责，但是“严格”的背后是善良、宽容、修养；“严厉”的背后是苛刻、是自我、是戾气。我是你爹，我说了算，很自我，然后是面横眼突，很难看。我的学生都很幸福，我没批评过一个人。

关于教孩子的艺术，我简单提八点，大家可以回家试试。

1. 情绪是可以传染的。你回到家里不开心，板着个脸，孩子以为自己犯什么错误了，从心理上开始抵触。有一个心理学实验发现，一只脾气糟糕的大猩猩，被放到三面装有镜子的笼子里，几天以后死了。经检查发现，猩猩是被镜子里的自己气死的。科学家又放进一只性情温和的大猩猩，它就活得很好，原来它笑，镜子里面的猩猩也跟着笑。科学家由此得出结论，情绪是可以传染的。因此家长回到家里，如果情绪不佳，一定要和孩子说明自己不开心跟他没关系。孩子一定会想办法哄你开心。这个原理用在夫妻、师生和朋友之间效果完全一样。大家不妨试试。

2. 为值得而做事。你希望孩子做的每件事，都要让他觉得值得。我们有时候很随意，要求的事情讲完了就不管了，孩子不清楚这个事情要做还是不要做，做到什么程度，次数多了，孩子会养成拖沓的习惯和不认真的态度。有些班主任也不大懂这个道理，那些优秀的班主任一定是坚持让你认真做好每一件事的人。如果我们自己都觉得无所谓，孩子一定觉得这个事不重要、不值得，就一定做不好。

3. 记住最近的话。我听过的领导或者老师的总结性发言，共同的特点都是先表扬后批评。有个近因效应，听众能记住的几乎都是最后面的话，前面的讲话容易被后面的话覆盖掉。被表扬后，接下来就是一阵批评，这叫“给块糖吃然后打了一嘴巴”，美得正欢，接着是疼，你说这糖是不是白给了！所以要反过来处理，先批评再表扬，这就好比“打个巴掌再塞个枣”，枣是甜的，前面的巴掌就不太疼了。一般来说，孩子仍会记住前面的批评，只是因为你后面的鼓励与认可，让他放下抵触，他对你的批评不但不生气了，还会尝试去改正，以获得更多的认可。

4. 遏制第一片碎玻璃。第一片玻璃碎了，以后会无止境碎下去。不良行为一定是零容忍，但零容忍要讲方法，不要跟他对抗，要有耐心。要记住前面的分析，是严格而不是严厉。

5. 担心的总会发生。我也是这样，我担心一些事情多数会发生，所以要提早做出一些预案。在家庭矛盾中和稀泥非常重要，夫妻观点要保持一致，但态度必须有差异，要做好和几个方面调解的准备，避免激烈冲突。特别是父亲，要有男士的胸怀和大度。

6. 钢铁是怎样炼成的。 人走到一半的时候最脆弱，最容易放弃，半途而废，天下所有人都如此。 怎么样让孩子从半途坚持下去，这很重要。 最有效的办法是，把对他总的目标分成若干个小目标，一点点让孩子完成。 比如跑步，于我而言，持续跑一段 3 000 米的距离是一件非常困难的事情，后来我把前方的树、建筑或者其他固定物作为分段路程的标的，盯着最近的一个跑，到了标的物时信心就会强起来，然后继续下一个标的。 只要坚持下去，一定可以跑到终点。

7. 得寸进尺又何妨。 我们想让孩子接受一个大要求，应当从提出一些小的要求开始。 还是以学习为例吧，知道大家还是最关心这个。 比如孩子成绩不佳，大家恨不得孩子马上考到 100 分，这个起始要求太高了，基本上把孩子吓退了。 孩子考了 50 分，接下来你可以要求他考 60 分，每次进步幅度要求不大，进步都要表扬，有了这个过程，孩子的信心会不断提升。可能最终也考不到 100 分，但是能到 90 分已经是很大的进步了。 美国社会心理学家弗里得曼设计了一个实验，目的是通过在一些私人庭院内安装招牌，来测试家庭主妇的接受情况。 招牌规格有小有大，他发现，先提出放小招牌要求再逐步提出放大招牌要求，家庭主妇接受的情况要远远高于相反的顺序。 这是接受心理在起作用，一旦人们接受了小要求，接下来就比较容易接受更高的要求，把行为继续下去。 这用在帮助学习困难的学生上是有效果的。

8. 家长让步又如何。这是在家里最好直接适用的方法。你总觉得自己吃的盐比孩子吃的饭都多，张口就是“你应该”，而不是“我觉得”“你的意思呢”。你是建立在经验之上的思考，而孩子尚未经历，一切都充满好奇和探究的欲望。你可能强的是超过他年龄的那一部分经历，但是他比你同年龄时一定强很多，甚至他现在接受的很多东西你也不知道。孩子从十一二岁开始瞧不起父母，基本上到 15 岁达到峰值。到高中和大学后碰到一些挫折，才慢慢感觉到大人经验的价值，但还是半瞧不起你的样子。工作以后经历了职场的残酷和艰辛，才发现父母是有智慧的，甚至开始崇拜你。我经常让步，接受孩子的瞧不起，让对话可以继续讨论下去。当你说“可能你是对的”，“你们年轻人当然比我这一代更聪明”，“咱们都保留看法”时，你才真正具备了当家长的资格。

除了可以做的这八点外，在家庭教育中，大人们还要预防七件事。前面是应该做的，后面是不应该做的，有所为有所不为，孩子才能更好地成长。

1. 期待过高与孩子终生失败感。大人对孩子期待越高，孩子的失败感会越强。因为自己一旦实现不了这个期待，既对不起你，也会留下一生的阴影。特别是有的家长动不动就拿别人家的孩子或者自己的当年来比，“隔壁老王”家的孩子怎么样，当年我怎么样，孩子最讨厌这个。不妨在孩子面前低调一些，特别是少提或不提邻家小孩，每个人长板不一样，发展点不一样，要给孩子自信。

2. 过度加压与孩子终生焦虑感。 今天孩子的焦虑是哪里来的？ 是父母压出来的，是父母的焦虑传递过来的，也是与别人的孩子比出来的。 我调查过，每个焦虑的孩子背后都有一个焦虑的家长，焦虑转化为压力。 还有一些孩子的痛苦与焦虑是源于家长的攀比，攀比转化为压力。 这类孩子活得好痛苦，产生于少年的焦虑如果没有后续的抚慰，可能会延续很久，影响人格成长，甚至引起器质性的病变。 作为教育者，我为什么要取消学生处分和贴白榜？ 就是要减少引起学生焦虑的外部因素。我调查过被贴过白榜的毕业生，他们至今一见到 A4 纸就会联想起当年墙上贴的处分，引起痛苦的回忆和心里不适。

3. 形成对抗与孩子强化的叛逆心。 这一点是造成孩子轻生的主要原因之一，几乎每个轻生的孩子都跟父母有过激烈冲突，瞬间就爆发了。 鲁迅谈论中国人的性情时说，如果你嫌这间屋子太暗，想在屋顶上开一个天窗，大家一定是不允许的。但如果你提出拆掉屋顶，他们就愿意开天窗了。 这种先提出很大的甚至不合理的要求，然后再提出较小的要求使人接受的现象，被称为“拆屋效应”。 用在教育上，小孩子犯了一般性的错误，怕老师告状后被残暴的家长处罚，于是采取离家出走的办法吓阻你的处罚。 好不容易找到孩子后，家长往往都会后悔后怕，当孩子再犯错误时不知道该怎么办，怕他又离家出走。孩子通过离家出走这样一个大错误，来阻止你批评他的小错误。 如果在对抗当中，家长不后退，赢了孩子，孩子今后可能会变得懦弱、封闭，也可能变得越来越叛逆，甚至有的孩子做出极端的事。如果孩子赢了家长，家长就逐步失去了批评教育孩子的权利，最终不断强化以至于管不了孩子了。家长跟孩子对抗，无论你是赢还是输，最后还是你输，所以必须从对抗变成对话，避免对抗的发生。

4. 慈父严母与孩子小格局非理性。古代传统的严父慈母造就了很多优秀的人，一种传统延续千年总有存在的道理。现在“虎妈猫爸”这种现象是有问题的，慈父严母教育出来的孩子在视野、胸怀、理性和交往上多多少少有些问题，为什么？因为父亲的严格是有理性的，注重抓重点问题，点到为止，给孩子留下思考和改过的空间。母亲的严格中感性的成分更多，大多数母亲严格起来，语言往往会超越理性的范畴，给孩子带来伤害。母亲的责任应该是尽量温婉平和，给孩子生活上的滋养，精神上的鼓励，信心上的培育和性情的熏陶，用自己的知性美去影响孩子。父亲用自己的严格、理性带着一起孩子成长，将来这样的孩子大事能做，小事能为，庙堂上讲法理，江湖中重道义。

5. 唠唠叨叨与孩子的一律不接受。有一句话说，重要的事情说三遍，我看每件事说一遍已经够烦了，还要说三遍。一般人都不喜欢听唠叨，小孩子最讨厌大人唠叨，唠叨会出现什么问题？不对的唠叨自然不会接受；明明是对的，你唠叨三四遍以后他就不愿意听了；发展到一定阶段，只要你一张口他就烦你，这是最悲哀的地方。所以家长要求孩子时，一定要稳准狠，坐下来促膝而谈，切中问题，组织语言，陈述利弊，划好底线。

6. 哄骂管训与不讲道理。我们多么渴望每个孩子都讲道理，但是我发现孩子们并不真会讲道理。为什么？是因为你天天“骂管训”，讲死理，所以孩子有样学样，也不喜欢讲道理。现在媒体发达，每天可以听到看到一些不讲道理的人，这和家教有关。所以我一再讲孩子犯错误很正常，他因为不懂事才接受我们的教育，他要一出生就懂事，那要你家长干嘛？要学校干嘛？我几乎没跟孩子红过脸，主要就是讲道理，现在孩子很懂事、很讲理、很自律。

7. 负面典型与孩子有样学样。你说让孩子好好做作业，你在那边看电视、玩微信；你要求孩子三观端正，积极上进，你在家里动辄发牢骚、骂社会。别以为孩子听不到、听不懂，他全学进去了。为了让孩子好好学习，家长在家里要经常看看书，也看看孩子喜欢看的书。父母是孩子的榜样，孩子在有书的家庭里，自然会喜欢上看书，全家人读书、讨论书，大家都有收获，也就没空搞家庭矛盾了。

有一句话说，每一个不曾起舞的日子，都是对生命的辜负，作为家长，我们要认清目前的问题，认识到孩子的长短，认真地有所为有所不为，用沟通和爱给未来一份承诺，让时光见证孩子从丑小鸭蜕变成白天鹅，见证一路的幸福。

后记

“上海市家庭教育高峰讲坛”（以下简称讲坛）由上海市妇女联合会、上海社会科学院和新东方教育科技集团联合主办，每年面向广大市民举办系列家庭教育公益讲座。讲坛自2014年开办以来，至2019年已经连续举办六届，每年举行十场讲座，邀请国内外家庭教育知名专家学者及社会知名人士演讲或研讨，迄今累计已有六十余场。六年多来，讲坛一直受到广大市民的热切关注和喜爱，吸引了一批上海及周边省市的忠实听众，有的场次还出现一票难求的场面。为了满足更多市民对科学家庭教育知识的需求，延续往年做法，我们决定对2019年讲坛专家的演讲录音稿进行编辑并经本人审定后结集出版，以便更多家庭能够从中受益。

本次讲坛的顺利举办得到多方力量的支持。上海社会科学院社会学研究所、上海市家庭教育研究会、新东方教育科技集团上海学校承担了本届讲坛的组织和会务工作；上海图书馆、上海浦东图书馆、中国福利会少年宫、上海市教科院家庭教育研究与指导中心、上海人民广播电台《海上畅谈》节目对讲坛的举办和宣传提供了支持；上观新闻、“教师博雅”微信公众号等媒体及时宣传了讲坛的相关信息。

时任上海市妇联副主席刘琪对讲坛的开展提出了建设性意见，上海市家庭教育研究中心主任、上海社科院社会学研究所杨雄研究员负责讲坛的整体策划，上海社科院社会学研究所魏莉莉副研究员负责讲坛的联络及组织协调，上海人民出版社罗俊华承担了本书的编辑工作。 在此一并表示真诚的感谢!

因本书出版时间较紧，书中难免疏漏与不当之处，敬请读者批评指正。

编者

2020 年 6 月

图书在版编目(CIP)数据

爱的艺术:家庭教育十人谈/杨雄主编. —上海:
上海人民出版社,2020
ISBN 978-7-208-16608-0

Ⅰ. ①爱… Ⅱ. ①杨… Ⅲ. ①家庭教育 Ⅳ. ①G78

中国版本图书馆 CIP 数据核字(2020)第 134837 号

责任编辑 罗俊华
封面设计 夏 芳

爱的艺术:家庭教育十人谈
杨 雄 主编

出 版 上海人民出版社
(200001 上海福建中路 193 号)
发 行 上海人民出版社发行中心
印 刷 上海商务联西印刷有限公司
开 本 890×1240 1/32
印 张 8
插 页 4
字 数 155,000
版 次 2020 年 9 月第 1 版
印 次 2020 年 9 月第 1 次印刷
ISBN 978-7-208-16608-0/G・2040
定 价 48.00 元